U0795601

LEARNING
REVOLUTION

你为什么不是学霸

2016年清华、北大名校新生的网络学习法

猿辅导® 著

当代中国出版社
Contemporary China Publishing House

图书在版编目(CIP)数据

你为什么不是学霸 / 猿辅导编著. -- 北京 : 当代中国出版社, 2017.1

ISBN 978-7-5154-0767-8

Ⅰ. ①你… Ⅱ. ①猿… Ⅲ. ①高中生-学习方法 Ⅳ. ①G632.46

中国版本图书馆 CIP 数据核字(2016)第 319327 号

出 版 人 曹宏举
责任编辑 王延新
责任校对 滕 菲
装帧设计 张 帆
出版发行 当代中国出版社
地 址 北京市地安门西大街旌勇里 8 号
网 址 http://www.ddzg.net 邮箱:ddzgcbs@sina.com
邮政编码 100009
编 辑 部 (010)66572264 66572154 66572132 66572180
市 场 部 (010)66572281 或 66572155/56/57/58/59 转
印 刷 北京新华印刷有限公司
开 本 880 毫米×1230 毫米 1/32
印 张 9 印张 145 千字
版 次 2017 年 1 月第 1 版
印 次 2017 年 1 月第 1 次印刷
定 价 39.00 元

序

PERFACE

在北京大学七年的学习中，我见到过各式各样擅长考试的人，他们是中学时代同学们常说的“学霸”。

在共同的学习和生活的过程中，我偶尔会想：他们到底有什么特别出色的地方，为什么是这群人成为全国高考中分数最高的那群人？

真正从事互联网教育行业之后，我才再次认真地思考这个问题。其实，在学习到考试的过程中，最重要的是输入知识和调用（输出）知识两个步骤。所谓的学霸，就是在知识输入和考试输出的两个环节都做得非常出色的选手。

我所理解的学霸，大概有以下几个特点：

第一，有强烈的学习意愿。无论这种意愿是出于“必须考个好大学”的责任感，是“让同学看得起我”的虚荣心，还是“考得好就对自己很满意”的优越感，在人生早期的阶段，被一种持续的学习意愿推动着，就会比对缺乏学习意愿的同学们更加主动地去接受知识。

从我和身边朋友的经历来看，真正持久的学习意愿，一定不是来自于外界的压力和诱惑，而是来自于内心真正的好奇心。“我想要更多地了解我自己，了解我们人类，了解人类存在过的历史，了解人类所处的环境运行的原理……”只要是知道更多，就会更快乐。对知识的好奇心才能成就一个长久的学霸，否则一旦外界的动力消失，很快泯然众人。

第二，有良好的学习资源。越是录取分数高的院系，似乎家境极度贫寒的同学就越少。往往考上清华、北大的学生，都是一个家庭、一所学校甚至一个县市的教育资源向他们倾斜的结果。他们大多数在中学阶段，就有最耐心的老师、最充足的学习资料，能够少走弯路，高效地获取知识。

第三，是良好的学习习惯，简而言之，就是他们更清楚自己以怎样的方式能调动自己最好的学习状态，来吸收更多的知识。

光是善于获取信息，也不一定保证能在考场上获得高分。学霸们往往具有良好的规则意识。规则意识是考试取得高分的必要条件。他们比一般学生更善于从出题人的角度去思考问题。真正的高分选手，甚至能按照出题人的思路模拟出一道新的题。

学习意愿、学习习惯甚至规则意识，都可以慢慢培养。对于我那个时代的考生来说，最艰难的其实是资源问题。幅员辽阔的中国，教育资源从古至今从未达到过绝对的均衡。我经常会想，假如我不生活在一线城市，不就读于一所重点中学，大概就与北京大学无缘了。

但当我毕业后进入猿辅导这家在线教育公司之后发现，今天的中国，生活在非一线城市、不在超级中学的学生却不再需要为资源问题感到困扰。

在过去的一段时间里，我密集地接触了许多我们用户，他们中的很多人在 2016 年的高考中取得了优异的成绩，成为了名校新生。在他们身上，我看到了我同学们的影子，他们有着相似的自我激励机制和学习习惯。不同的是，这一代的“新生学霸”更加主动，对世界有更客观的认识，也更懂得高效率地获取资源和使用工具，他们的眼界开阔程度超乎我的想象。

如果说我是用台式电脑长大的一代，他们就是使用平板电脑、智能手机长大的一代。我并不需要带着我们的互联网产品去找到他们，他们会主动找到我们。对于他们之中的大部分人来说，并不需要别人告诉他们“思考如何使用互联网工具”，因为他们就活在互联网当中。从很久以前，他们就开始在网上交朋友，在网上获取资料，在网上学得更好。

我想告诉那些对自己的未来有责任感的学生，和你们几乎同龄的学霸、“高考赢家”并没有什么神奇之处，他们只是更好地适应了互联网时代的趋势，更高效地利用了资源。假如你也理解了这个趋势，成为学霸并不是什么难事。这是通过这本书，我想和你们分享的。

滕　菲

2016 年冬于猿辅导

CONTENTS

目录

拒绝利用互联网资源，就是拒绝未来

· PART2　互联网，通向“罗马”的新大路

谁在决定着你的前途

网上的好老师

是时候改变你的学习方法了

引言

INTRODUCTION

每个人心里可能都响起过这样一个声音：

“我为什么不是学霸？”

学霸学起来似乎毫不费力，学霸考试不是第一就是第二。

为什么同样的老师，同样班级，同样的课程，却总有人更胜一筹？

是他们更聪明吗？还是因为他们有更明智的学习方法？又或是因为他们有更优质的学习资源？

说到底，就是一个问题：

学霸是怎么成为学霸的？

在不同的时代，这个问题都有不完全相同的答案。能在明清科举考试中胜出的人，当代的奥林匹克数学竞赛大概会交白卷。

因此，我们首先要问的是，这是一个什么样的时代？属于这个时代的学霸，到底是哪一类人？

请带着这些问题，翻开下一页。

PART1

新时代的学霸

假如你觉得你可以拒绝互联网，那大概是一种幻觉。在电话发明之后，还坚持写信的人，或许是浪漫的，却不是高效的。高考是一场规则完备的游戏，它在筛选适应规则的考生。互联网时代的学霸是最高效地利用资源、分配注意力的人。你是否愿意成为他们中的一员？

PART1

新时代的学霸

袁瑞洋觉得自己几乎是第一万次听他爸爸讲上中学的故事了。“那时候没有练习册，老师出的例题也没几道，我同学有个黄冈中学的练习书，都恨不得偷偷藏起来不让同学看……那时候高考对我们来说是了不得的事。”

袁瑞洋最熟悉的就是爸爸“鲤鱼跃龙门”的论调。他常说：“对于我们农村孩子来说，高考是鲤鱼跃龙门的事情。”袁家人现在生活在中部省会城市，袁爸爸确实也“跃过了龙门”。爸爸一边讲故事，一边把一摞练习册和参考书放在袁瑞洋面前：“你看你们现在有这么多练习册，幸福啊小伙子。”

袁瑞洋也不说话，就低下头，默默玩手机。

爸爸看他这样，说：“你别以为我说的是老一套，你现在无论怎么样，还都是要高考的。”

·高考是一场限时游戏

学霸，站在高考游戏顶端的“最强王者”

其实爸爸说的是对的。对于大多数中学生来说，高考是无法避免的。

如果把高考看作一场游戏，那么从小学到初中到高中，学生的一路学习成长都是在不断地努力打怪、提升等级；高考考场上，考生面临的是游戏的最终一战。

这个游戏中，有一群高端玩家，我们称之为学霸。

他们处于金字塔的顶端，人数少，但是战斗力强，他们最终会取得游戏的胜利——考上了心仪的大学，开始了下一个阶段的人生。

袁瑞洋的爸爸是上一个年代的学霸。他勤奋刻苦，拼命抓住每个机会，琢磨透每一道题，实现了高考的胜利。

但袁瑞洋觉得，他这个时代的学霸不是爸爸这样的，“小米加步枪”的艰苦年代已经过去了。

那么，这一个时代的学霸是什么样的？

在这个时代，为什么是他们在高考中胜出？

所谓的天赋真的存在吗?

该往什么方向努力才能超过别人?

这些或许都是中学生和中学生家长一直疑惑的问题，作为拥有超过一亿用户的中学生教育从业者，我们将在这本书里回答这个问题。

高考的本质是筛选

从1979年恢复高考，至今已经将近四十年。无论是全国统一卷还是分省出题，无论是“3+3”还是“3+2”的考试科目数量，高考的本质始终是筛选，这一点没有改变。

高考的目的在于筛选哪些人能进入大学，继续接受更高等的教育。

高考肩负全国范围内“选拔人才”的功能，一定程度上是古代科举制度的延续。我们仍然喜欢称高考第一名为“状元”，这就是古代考试文化留下的强烈印记。

中国古代的科举考试分为“科”、“举”、“考”三个方面。所谓“科”，是指国家设置各种科目，比如唐宋时期分为制科、明经和进士，到了明清只剩下进士一科；所谓“举”，是指各级政府推选人才；“考”，则是指参加统一的选拔性考试。

汉魏晋时期以推荐为主，唐代推荐和考试并行，开始重视考试，到了宋代则以考试为主，到了明清只剩下考试这一种途径。

再看今天的高考，也有着语数外、理化生、政史地的科目，大部分考生都需要经历高考这种统一选拔性考试，最终才能进入理想的大学，这和古代的科举考试何其类似！

从古至今，考试的核心筛选原则不变，从来都是“从优录取”，只有考分高的考生才能进入大学，或者进入更好的大学。

对于中国的大多数人来说，通向大学、接受高等教育是关系到未来人生发展的大事——你将来想在什么样的城市生活？想从事什么行业、什么岗位的工作？想和什么样的人一起合作？大学的教育其实是一个走向未来的通道，高考就是打开这个通道的大门。

每个人都希望胜出，希望自己是被筛选出来的“赢家”。但是只有成功拿到钥匙，才能在高考中取胜，最终进入这个通道。

对于大多数中学生来说，这是他们第一次真正为自己的未来负责的时刻。

学霸越来越强，是因为他们有更多的资源吗？

学霸考得好，我们一点也不意外。他们身上似乎有一种神奇的光环，有这个光环加持的学霸会越学越好，越来越牛。我们管这个光环叫做“马太效应”。

马太效应（Matthew Effect），是指强者越强、弱者越弱的现象，广泛应用于社会心理学、教育、金融以及科学领域。这个名字来自圣经《新约・马太福音》的一则寓言：“凡有的，还要加倍给他，叫他多余；没有的，连他所有的也要夺过来。”

要知道，高考是限时游戏。对于大多数人来说，系统地复习准备高考，大概就是高三一年时间。同样是一年的时间，为什么有些人表现优异，有些人表现平平？

虽然总的复习时间被限制了，但是获取什么样的资源、如何吸收这些资源是不被限制的。因此，不同的人在获取学习资源、把资源化为已用的时候就可以各显神通。

所谓的“学霸”，就是那些掌握学习资源，特别会把资源化为自己所用的人。

袁瑞洋爸爸的时代，是找不到学习资料的时代。一本黄冈中学的教辅书，能让你多掌握好几个类型的习题，能帮你脱颖而出，和周围的考生拉开距离。

而现在，根本问题不是学习资源的短缺——书店里的练习册、辅导书多如牛毛，学生面对的问题是根本不知道应该选择哪本教辅资料，也不知道如何才能把教辅资料的知识吸收到极致。从这个角度来说，在非学霸看来，能让他们快速吸收知识的有效学习资料是短缺的。

学霸则更懂得如何给自己的学习添砖加瓦，知道如何在令人眼花缭乱的资料中找到自己需要的部分。当他们越来越好地吸收了学习资源中的“养分”，就变得更加优秀，这是一个良性循环。这才总是给我们一种资源似乎都倾斜到了他们的身上的“天之骄子”的既视感。

孙凝翔：“到了高三才知道教辅市场的潜力，因为市面的教辅很差，学生也不会鉴别。只有学到一定程度的学生才能鉴别，而层次高的学生需要更好的资料。题目的品位定义本就很狭隘，题目越接近于规范化考试越好，所以大部分人需要使用规范的题目来得到提升，但是他们分不清好和坏。”

其实，比起其他人，他们只是更会寻找资源、利用资源而已。所谓的学渣与学霸中间，只隔着寻找＋利用资源的能力的大河，只要渡过了这条河，学渣也能“逆袭”，成为学霸。

在互联网时代，学渣想要“逆袭”变学霸，完全是可行的。

实际上，也确实有很多人在这个时代实现了快速的“逆袭”，也有学霸因此“掉队”。——互联网就像是一个加速器，你要么加速地赶超，要么加速地落伍。

· 爸爸，你不了解我

在爸爸和袁瑞洋看来，手机根本不是同一种东西。

对于爸爸来说，手机是袁瑞洋的游戏机，只要一玩手机就是“不务正业”、“玩手机”、“打游戏”。

对于袁瑞洋和他的同学来说，手机可不是单纯的“游戏机”这么简单。

移动互联网星球的原住民

如果说互联网是个供人栖居的星球，那“95后”的中学生好像天然出生在这个星球上，土生土长的他们对这里的一切都这么适应；而“70后”、“80后”更像是这个星球的移民，一切都需要不断地适应和学习。

假如“90后”可以称为互联网原住民——他们用着台式电脑长大，而到了“95后”这一代，可以说是移动互联网原住民，他们中学时拥有的第一个手机往往就能聊QQ。

他们用QQ和微信联系同学和家人，在朋友圈和QQ空间分享生活，在贴吧发帖灌水，在网络游戏里征战沙场；他们会点外卖，会用支付宝充值和转账；他们懂得在网上下载自己需要的资料，懂得在知乎发文寻求达人的帮助……

这些对他们而言非常简单的技能，对父辈们来说却是一个新鲜玩意儿。父辈大都是中年才开始接触互联网，其中很多人只会简单地用微信聊天和“斗地主”。

当一个40岁的中年人在iPad上第一次打开赛车类游戏，经过一局比赛之后，可能会感慨，“这个游戏实在是很逼真啊”。因为他们先在生活中见到汽车，体验开车，觉得游戏在模仿现实生活。

而互联网时代的原住民认识世界的过程完全相反——他们在虚拟世界的经验是先于实际生活的。他们在18岁进入驾校学车的时候，触摸到真实的方向盘，只会感觉“和我之前玩的游戏好像”。他们会觉得，现实生活是虚拟生活的模仿品。

在没有去过真实的家具卖场之前，他们就在《模拟人生》里为自己操纵的人物选购过房子和家具；在没去过交易所之前，就在《大富翁》里通过买卖股票来平衡资金的持有结构。

这一代的年轻人比前几代人有更早地体验到未成年人世界以外的一切，这就注定了他们认识世界的方式和上一代人产生了差异。

爸爸的老经验，还管用吗？

曾经，人类在农耕时代，讲究长幼有序，年纪大的人更受到尊重，这很大程度上是因为农耕时代的生产生活主要依靠经验——何时插秧，何时收获，年纪大的人经验比较丰富。

当人们脱离农耕时代，进入工业时代之后，这个情况似乎改变了。年轻人获得信息、掌握生存技能的能力不比年长者差。而生长于互联网时代的年轻人，反而表现出比年长者更强的适应能力。

家长刚刚通过微信进入互联网世界的时候，更像是一个初学者。家长倾向于乐此不疲地转发分享一些新闻时事、养生保健、人生哲理相关内容。中学生在刚刚使用移动互联网的时候，他们也曾经有过这个阶段，比如最开始他们也喜欢在 QQ 空间转发各种人生道理，但后来转发会越来越少——这个适应网络内容、辨别内容含金量的过程随着他们的成长，很快就完成了。

爸爸试图用上一代的经验指导袁瑞洋，他忘记了在这样的年代，家长未必还有足够的能力和眼界来帮助孩子学得更好更有效。

“不要用自己的学识限制孩子，因为他出生在与你不同的时代。”——泰戈尔

· 拒绝利用互联网资源，就是拒绝未来

2016 年高考之后，猿辅导公司系列产品的用户中，出现了 8 个省级高考状元，上千名 985、211 院校的学生，也有 30 余人实现了二模到高考超过 80 分的提分奇迹。

有学霸利用互联网考到不可思议的高分，也有人用实现了短期高效的逆袭。

互联网是如何满足不同人群的不同需求的？

让一切联网，找到彼此

互联网让互相需要、但原本互不知情的人找到彼此。互联网的一大功劳，就是解决了信息不对称的问题。

假如你有一张1998年《仙剑奇侠传》的游戏光盘，想要转手出售。你把它拍下照片，上传到二手交易APP上。不到半小时，就有三个人加你微信。当天，这款怀旧游戏的光盘就以高出原价三倍的价格卖出去了——想要购买这款游戏光盘的，都是《仙剑》骨灰级粉丝，他们试图集齐各个版本的游戏光盘，年代越早越稀有。

很难想象如果没有互联网这张游戏光盘你该如何处理。难道要挨个询问周围的人，“你需要《仙剑》98版的光盘吗？”在身边有限的交友圈子里，很难找到三个肯翻好几倍出价的人吧。

这是一个只要你想学，就不缺乏学习资源的年代。如果说当初几千块钱的上网台式机还是横亘在人们和互联网之间的障碍，那么现在几百块钱的智能手机已经把网络送到了很多人身边。

怎么突然就离不开互联网了？

有一位朋友出国五年了。2016年的冬天，他从德国回到北京，几年前的手机一直没有停机，但他的手机卡还是2G网络。聚会结束，他要打车回家的时候，抬手叫车，却眼看着眼前的车明明是空车，但都打着车灯双闪说“在等人”。

他这才知道有个产品叫“滴滴打车”。他在商场门口问同行的人，滴滴打车应该怎么用，微信支付又是什么？路人纷纷侧目。

别忘了，截至2016年，滴滴这家公司也就成立了四年而已。

这位朋友尴尬地解释说，在德国乡下生活，并不会用到类似滴滴打车的软件。在他看来，中国只是北京、上海这样的大城市才会有滴滴打车这样的软件存在。但实际上，打车软件已经深入到中国二、三、四线城市。

就像淘宝、支付宝刚刚诞生的时候，也有人断言小城市不会有人用淘宝进行网络购物。但今天的中国，在许多农村的砖墙上都能看到淘宝的标语，并且在淘宝上出售农产品或者当地特产的店铺也是数不胜数。

难以想象，如果突然微信、QQ都发不出去信息，你还怎么联系你的好友——发短信吗？

如果淘宝再也上不去了，你真的知道各种稀奇古怪的东西都该去哪儿买吗？

遇到了想查询的问题，百度打不开了，你会去图书馆查书吗？

你会发现失去了这些互联网产品，生活似乎变得难以忍受。其实，距离人们的生活中完全没这些东西，也就不过短短十几年。

不仅仅是在我们身边，就世界范围而言，互联网都已经成为了人们日常生活中必不可少的工具。

谷歌是公认的全球最大的搜索引擎，信息分析网站 Alexa 数据显示，Google 的主域名 google.com 是全世界访问量最高的站点，日均访问量超过两百亿。[1]

Facebook 也是一个神奇的存在，它由一个哈佛校内的社交平台发展到了当前的世界性社交平台。这家世界最大的社交网站拥有 16 亿用户，其中 10 亿用户每人每天平均使用时间超过 20 分钟。[2]

互联网教育，新一代浪潮

事实上，就在现在的每时每刻，各个行业都在大张旗鼓地互联网化。

越来越多的线下商场、超市开始支持微信或支付宝付款，药店和百度外卖合作开展快递上门送药的业务；在淘宝京东上买到从装修建材到海鲜蔬菜等日常和非日常的消费品；就连驾驶不小心出现了交通事故，在北京也可以用政府部门的APP快速处理，拍照上传就可以挪车，不需要等待交警；想要打车却等不到出租车，只需要在滴滴上叫一辆即可。

鉴于风起云涌的互联网化进程，对于传统行业而言，只有选择顺应这个潮流，才能勇立潮头，否则就会被潮流吞噬。例如线下的零售巨头沃尔玛受到了淘宝、京东、一号店的重大冲击；而国美、苏宁等两大传统线下电器销售商，面对被京东蚕食的市场，毅然加入了电子商务的行业，开展线上业务，走上了转型之路。

截至2015年12月，中国网络购物用户规模达4.13亿，同比增加5183万，当年度全国网络零售交易额达到了3.88万亿元。

互联网正在深入生活的方方面面，教育行业当然也不例外。

你还在线下补课吗?

风里来雨里去，雾霾天再不情愿也要顶着口罩出门：从学校里的一个教室，放了学、节假日里又赶到另外一个教室里。你是否想过，这样的学习方式或许开始落伍了呢?

你知道中国现在有多少人在网上学习吗？截至 2016 年 6 月，中国已经有 7.10 亿网民，其中有 1.18 亿人在网络上学习！他们之中有 6987 万用户是通过手机上网学习的。[3]

从十几年前的在路上花时间花精力、冒着风雨赶去上辅导班，到现在随手拿起手机看直播课、刷题，中国学生的学习方式正在发生翻天覆地的变化。

在过去的几年中，不仅互联网教育创业公司不断涌现，一些知名的线下教育企业也开始了互联网业务的转型之路。

根据多知网《2015 年中国教育培训产业图谱》，2015 年，互联网教育企业，营收在 5 亿元以上的公司有 31 家；其中，营业收入在 20 亿元以上的公司有 5 家。一方面为了升学、考试的应试类教育开展得如火如荼，另一方面，即使是已经就业的成年人也担忧自己的职场竞争力不足，仍在不断地提升自己的技能。

随着 VR（Virtual Reality 虚拟现实技术）、AR 技术（Augmented Reality 增强现实技术）的发展和相关硬件设备的开发，“沉浸式教学模式”或许是在线教育的下一个增长机会。

VR 技术的发展，意味着可能可以从平面教学变成三维的学习场景，减少死记硬背的过程。比如在地理课上，学生可以更直观地感受地形地貌的变化、江河湖海的水循环、地球的自转公转等场景；在历史课上，能够对历史场景进行生动还原，像是完成一场古装穿越 RPG 游戏；在化学课上，能够对微观的结构和反应的过程进行更深入直观的展现；在生物和医学培训上，学生能更真实、清晰地了解生物体的结构。

科技能将教育和感受更好地结合起来，这是真正值得期待的事情。

传统教育未必消亡，但难免式微

电话普及之后，书信邮件还会存在，但使用量大大下滑。人们无论是急事要联络，还是日常聊天叙旧，大多还是会打电话沟通，而不是选择邮寄。

当微信进入日常生活之后，传统的手机短信也不会很快退出历史舞台，但大多数时候，短信只是被我们用来接收验证码和各种广告。

同样的道理，在互联网教育的新时期，虽然传统的、整齐划一的课堂教育模式仍然存在，却必将不是主流。

2016 年 12 月，德勤发布了《教育行业数字化应用调研》，基于美国的调研数据显示，42% 的老师每天至少使用一个科技设备，75% 的教师认为，数字化学习内容会在今后 10 年完全取代印刷的教科书。90% 的孩子在家使用过数字化学习材料，2/3 的孩子在 5 岁及 5 岁之前开始数字化学习。

教师们也感觉到了科技和教育结合的趋势：每 10 位教师中有 4 人认为就科技应用与执行而言，他们的学校“落后于形势”。[4]

哈佛教授戴维·珀金斯（David Perkins）认为，和互联网相比，传统教育的方式分层的结构比较明显，主要是自上而下，通过老师和教科书来向学生传递知识。这样学科、老师、学生之间的交流比较少，传统教育强调的是教学秩序。[5] 正如下图所示：

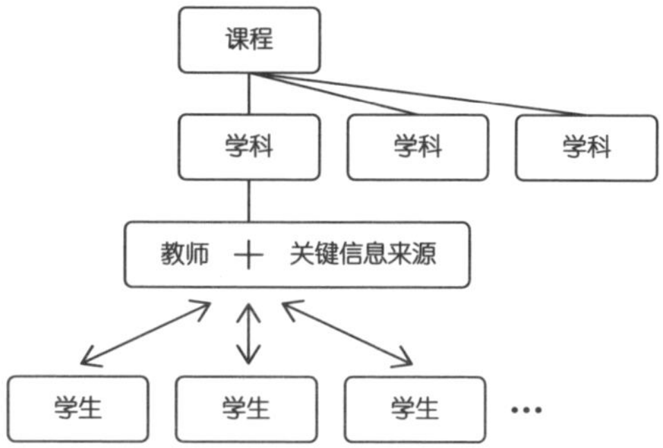

而随着网络的不断发展，新的教育模式表现出一种网状结构。学科之间有了连接，教师间互动性增强，学生之间的交流增多，信息的来源更加丰富多元。如下图所示：

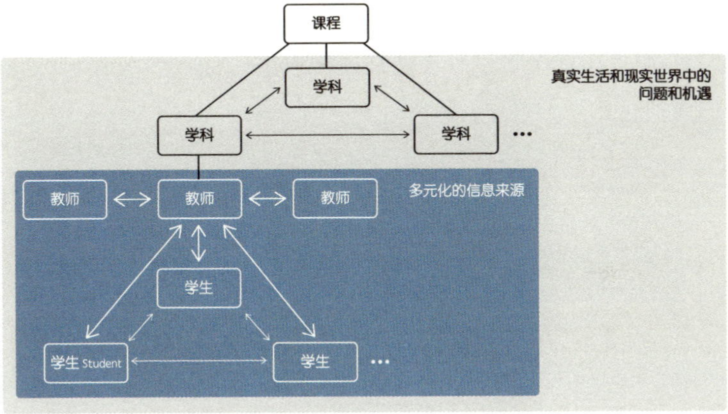

在这样的情况下，传统教育不一定会消亡，但是难免会在新的教育模式的冲击下式微。

每个人都活在浪潮里，活在趋势中。

在工业革命之后，一个人是选择继续以耕地为生，还是选择新兴职业，比如当一个火车司机？答案肯定是后者，因为后者收入高。可以看到，决定他收入的是时代背景和行业选择，而不是

“你知道他有多努力吗”。他自身的勤奋努力和行业选择比起来，就是很次要的了。

正确的选择意味着站在时代的浪尖，借着时代的速度。借着浪潮本身的速度，一定能比逆着时代浪潮行进的人走得更快。

我们将用一本书告诉你，如何成为站在时代潮头、迎接未来的学霸。

本章小结

- 高考就是一场“择优录取”的游戏，只有会学习的人才能通过筛选。
- 学霸不是因为资源多而成为学霸，而是因为更会利用已有的资源。
- 互联网时代的学习方式更加多元，前人经验不再百分百有效。
- 互联网降低了交流成本，传统行业的互联网化是大趋势，顺应趋势对自己更有利。

01号学霸：潘丹阳

毕业于贵阳一中
2016 年贵州省理科状元
北京大学光华管理学院

潘丹阳以 717 分的高分，进入了北京大学年年录取分数前名列前茅的院系——光华管理学院。谈起高考，潘丹阳却没有一种作为“高考赢家”的优越感。

猿辅导：“作为一个高考的过来人和优胜者，现在你对高考的看法是什么呢？”

潘丹阳：“高考对别人很不公平的是，我自己有 20 分的加分。高中三年都对自己的成绩有把控，和最开始的预期其实有吻合，加了 20 分是 717 分，是少数民族加分。其实如果没有这 20 分，我怕应该是贵州的第三名，都还挺好的。而且我没有太过激烈的竞争，小时候就没有太多的压力。学校没有太多要求，我也学得比较好。我希望将高考对自己的压力降到最低，不会逼着自己，而且我心里有底，也算是比较有信心。”

在潘丹阳看来，理科对于他来说是三样东西：逻辑、记忆与联想。他说："理科只是需要逐步地理解（逻辑），并且大多要求能够熟练地提取（记忆），考试时一道题的考点可能不止一个（联想）。从此三方面思考你的学习，带着这三个环节的反思进入下面的环节。三点同样重要，没有什么先后的顺序。明明很努力，但是考不好，都是这三方面的问题，可以思考一下，到底是哪一方面出问题了。"

在他看来，思考的过程就是一个自我了解的过程。

潘丹阳："了解自己不是了解自己的外表，比如我有多高有多帅，而是了解自己的学习状态。学习状态不能简单概括为'我学得不好、我学得还可以，需要细化一些，我是哪里好，哪里不好'之类的。为了了解自我，需要进行一次彻底的自我检查。这是一个只有你参与、只有你监督、并且只有你检验的过程，不为任何人而做。像我到高一的时候会有陆陆续续的反思的过程，但这些很多时候是学校老师来逼着你做的。逼着你做就敷衍了事，你做这个就毫无意义。所以我们要做的，是一个出于你个人意愿的行为。这个过程可以落实在笔头，也可以只在脑海里进行，只要于自己有深刻印象即可。"

猿辅导："那你成绩是一直都这么好吗？"

潘丹阳："应该算是，但是也有考得很差的时候，比如高三刚入学的考试只考了一百多名。但自己之前也考过年级前十，这次只是一次意外而已。"

猿辅导："那你下来分析过考得不好的原因吗？"

潘丹阳："这应该也是正常的，因为从高二到高三会有个落差，很多人会觉得第一轮的题目很难，需要花一个月左右去适应。非常前期的状况是针对板块的训练，整体的练习我从高三才开始，因为高三一年的时间可以完成任何事情。而且高考前的每一次考试都不是高考，你可以考得不好，因为考得不好也是一个好的结果，因为这暴露了自己一些真实的问题。所以，考得不好不一定是坏事，反而能够帮助自己找到不足。"

猿辅导："看得出来，你很乐观啊。"

潘丹阳："应该还好，因为你要知道你现在的情况，大概整体的排序是什么样的，乐观地估计。要有自信，高三会一直给自己暗示，其实我可以考得很好的，我给自己的预期是进前十，我考了一百多名根本没时间沮丧。而且我们学校真是一月一考，这个月状态有失误，后面也会有提升。周考的话是不重视分数的，是重视展示真实的状况。月考才是真实的检验自己的状态。”

潘丹阳认为，考完试对答案，要对就是要好好地对答案，而不是听别人说答案。“好好对答案的意思是拿着卷子，跟靠谱的同学一道题一道题地对答案。听别人说答案那是找刺激。”在潘丹阳看来，对答案不仅仅要知道对错，还要会分析自己的错误。

猿辅导：“我觉得你这种心态蛮好的，那你对平时的排名应该也就不是很 care 了吧。”

潘丹阳：“是啊，而且高考都只能算是我的一个目标，不能算是我的梦想，能考上哪个大学就上。高考固然有实力，也有运气。考一百名也许是意外，考第一名也是意外。不要太去想排名，想想自己怎么能做得更好。”

02号学霸：马晓龙

毕业于宁夏六盘山高级中学
北京大学新闻与传播学院

马晓龙没经过太多纠结，就报考了北京大学新闻与传播学院。因为他喜欢跳舞，热爱播音主持，从小就想从事新闻行业。

猿辅导："你为什么选择现在的大学和专业呢，是以分数为主要依据还是有明确规划？"

马晓龙："新闻方面的我都喜欢，播音、记者都可以。"

猿辅导："因为兴趣。"

马晓龙："对的，小时候，爸爸看新闻，我就觉得播音有种掌控世界的感觉，好像整个世界都在你的掌握中。所以想读新闻传播学，考的时候目标就很明确。"

猿辅导："填志愿之前对你的专业有多少了解呢？"

马晓龙："从网上看了一些。也和一些学长学姐聊天，觉得和现实的并不是很一样。但是凭自己的努力考上来，我觉得会不错。"

猿辅导："那你大学期间想要做什么事情？比如社团、实习、交换什么的？"

马晓龙："我挺想去非洲，记录他们的生活。因为看三毛的《去撒哈拉流浪》很有感触，高中老师也放过很多的非洲纪录片。我觉得即使自费也想去。"

猿辅导："你未来比较想去哪里工作呢？"

马晓龙："央视吧，比如电视台播音。开始想要基层的经验，在宁夏这边实习，然后去国际上转转，再回到央视啊这类的地方。"

马晓龙说，直到高三下学期他才开始应付各种考试，但是只要按部就班，把那些任务完成后，其实应试也没有那么难。

猿辅导："高考对你而言，压力大吗？"

马晓龙："说实话，我高考其实发挥很正常。也觉得心里没有什么压力，看到他们发的高考答题卡时，我发现和我们用的一模一样，和平时学的没什么两样。"

猿辅导："那你在每个科目上有什么具体的学习方法吗？"

马晓龙："语文是从小到大比较好，都是作文提上来的，大概56分。在作文方面，练习都不重要，重点是看书，因为我从小喜欢看书，各种各样的小说。等高三抓作文时，我写一些小随笔，老师就给我说可以浓缩再加一些观点。因为高考的议论文居多，所以就是这样的，老师说这就是你的作文和别人不一样的地方。语文别的方面也不擅长，主要是作文拿分。语文是要靠沉淀。看素材库那种意义不大。小时候作文就被拿来当范文。可以看各种各样的书，但是不可以沉迷其中。”

猿辅导：“一般都看些什么什么书呢？”

马晓龙：“看书的话，小学主要是看漫画，所以我现在后悔小学没有多读历史书。初中开始接触时事政治。在家跟着爸爸看新闻，订了一些报刊，其实也记不住什么。把报纸看完之后，会做笔记，写份小小的总结，因为概括能力对文科生必不可少。我会把有意思的摘抄下来和裁下来，有五本厚厚的摘抄本。”

猿辅导：“有什么喜欢的书吗？作家也行。”

马晓龙：“因为我的梦想是成为一名新闻工作者，所以也是在做准备。到高中才是真正的有一些感受，和人物有共鸣。尤其看三毛，会和她有共鸣，一起悲伤和开心。《去撒哈拉流浪》文章被发表。在语文课讲到什么观点，我没听过的，都会细细琢磨发展成为我自己的观点。”

猿辅导：“看来你还蛮感性的。其他科目怎么样呢？可以简单谈谈。比如你的数学？”

马晓龙：“我的数学不是学得太好，所以我的老师给我的建议是尽力去做，有的难、拿不到分的就选择去丢弃。高考考场上也是，先浏览下试卷，我不能答的，干脆放弃。”

马晓龙说，自己最擅长的科目就是英语，特别希望以后能走向国际，“看新闻，那些发言人用英语交谈的时候我就很向往。希望自己可以用很流利的英语去到那里”。自己在学英语上没有什么负担，比如阅读理解做完后会很有成就感。每天背 50 个单词，背 2 篇范文。听英文歌、看英文电影，对马晓龙而言，这些都是好的办法。

“读的第一本英语书，是同学在我生日上送给我的，《呼啸山庄》，真的读不懂，第二年再拿起来的时候就比较好了，即使有很多东西不认识，但是很多可以想象，可以用自己的想象来读，用自己的话说出来。”

猿辅导：“你的成绩是一直很好吗？”

马晓龙：“不算是吧，因为高三一年的 5 次模拟考试，成绩都是直线上升的，从 561 到 628 分。其实最后一次的时候，我在排练一个节目，那个教室和办公室不远。我去问的时候，老师说我这次年级第一，我不会相信我能超过我们班那个学霸。当我看到超过他真正8分的时候，非常喜悦。班主任就给我说，高考中一定发挥得更好。这次也是给我信心了，毕竟考了全校的文科第一。”

猿辅导：“为什么自己成绩会这样稳定上升呢？有什么秘诀吗？”

马晓龙：“我觉得心态特别重要，我在教室是比较活泼那种，比如养鱼养花什么的。高三第一次考了561，排100多名。因为我平时也是在年级前二十，这次成绩出来很沮丧，希望自己考得更好。政治老师让我自己去找问题，为什么自己没考好。我就发现自己考试的时候把会做的很快做，然后去做那些不会的，花了很多时间在上边，其实很多是会做的错了。所以以后我会列草稿纸的时候，列得整整齐齐的。方便在老师讲解的时候，可以对比，到底是哪里错了。下次会把很多能避免的错误改掉。我每次考差了之后，都会给自己打气，这次考差是为了下一次考得更好。”

猿辅导：“看来你很刻苦啊！”

马晓龙：“谈不上，其实高三还是玩过来的。”

猿辅导：“那你是怎么调整高考或其他重大考试时的心理状

态呢？”

马晓龙：“在考前不能看书。无论是平时的模拟还是高考，越看书越紧张。可以在老师发卷的时候哼一首歌。我在考前，尤其数学，其实也会紧张。但在考英语时很开心，就会哼歌。”

猿辅导：“那你平时都过得这么轻松吗？”

马晓龙：“高三第二次月考时，莫名感觉压力大，患得患失。因为第一次是班里 26 名，第二次是年级第一，感觉不努力就会被超过。下课了一般都是看周围人在做题，而我一个人在玩。我就觉得很愧疚。”

马晓龙说自己也有心理状态不好的时候，老师劝他报北大的时候，也没有去报，因为感觉考不上。“那时候心情也不好，因为晚上睡不好，上铺有点响动就会睡不着。每天睡不好，每天早上就要靠咖啡来维持。心理不好了，压力大了，我会整个下午不听课，翻出课外书，或者去搞课外活动了，玩一下午。但是到了晚上就会觉得心理真愧疚，然后就会好好学。这样就可以继续学下去了。”

猿辅导：“爸爸妈妈对你的学习有什么干预吗？”

马晓龙：“我的父母是农民，都是文盲。我爸爸因为不识字，所以比较喜欢关心其他的事，每天晚上必看新闻；小学感觉没意思，到了初中感觉很有意思，就陪他一起看。父母其实对我帮助并不多，但是可以给我鼓励。我是个不坚强的人，每次有考试失败之类的，都会偷偷地哭。就给他们打电话，他们虽然不懂、不理解，但是会第一个支持我。只要我愿意、我开心，并不会干涉我，对我很信任。"

猿辅导："那你和家里人关系还挺好的。"

马晓龙："我很喜欢我的家人。爸爸还是在我们村子威望还是比较好的。我的妈妈，是典型的农村妇女，默默无闻。但是在我心里也还是最好的。我还有两个哥哥，我们兄弟三个很少在一起。我们的村子里很少出大学生，所以他们也是对我非常地支持。"

马晓龙说自己平时特别喜欢跳舞，都是跟着视频里学的。也会唱京剧，一直是和县里文艺队的人学。在高一曾经唱过《新贵妃醉酒》，爆红全校。"我坐不住，在高三也参加社团活动。一起跳舞唱歌，有意地放松自己。课外活动每天下午都有，每天都有时间来放松自己。周日一定会吃一顿好吃的犒劳自己。高三时，周一和周六一般会很累。他们 7 点，我 11 点起床，然后去吃一顿好吃的，然后美美地去上晚自习。"

猿辅导："为什么会喜欢跳舞呢？"

马晓龙："因为我喜欢蔡依林，所以喜欢上了跳舞。喜欢她的拼搏精神。比如在毕业前，老师让在后边写上自己想说的话。我写的是'那些路人甲们凭什么发言惹人讨厌，我一定让路人甲闭嘴惊讶'。她从一个青涩的小女孩成长到现在，我觉得特别不容易。"

除此之外，马晓龙喜欢播音，他说自己"每天跟着主播，一起读；自己也做了午间新闻，感觉非常棒，每天都会有；每天中午都是可以自己玩，唱歌跳舞之类的，当作课前热身"。他在高一高二跟着老师学习，后来自己照着电视模仿，没有影响高三的学习。通过播音和做午间新闻，马晓龙的普通话练得越来越好了。"三角形点头"这类的技巧，也是他在播音时学会的。

高考过后，马晓龙觉得自己的生活没有改变很多，"唯一改变是不用写作业了"。

但是，马晓龙也在学着去成长。"高考后，我们村开了一个大会，欢送我们这些大学生。我感觉自己特别失落，自己真的长大了。要承担一些责任，对家庭负责，对一些人负责。改变的是你自己去思考要做些什么，在高中时候你不会这样的。"

当然以后的生活还不知道是怎么样的，"自己还是会继续练舞蹈"。

03号学霸：陈泽镕

毕业于福州师大附中
四川大学预防医学专业

对陈泽镕来说，在今年高考中取得这样的好成绩并不是一种偶然，而是他长期努力的结果。在很多人因为自己努力学习就沾沾自喜的时候，陈泽镕却在反思努力学习背后的实际效果。当身边很多同学都在玩的时候，陈泽镕选择了默默努力。

猿辅导："大家都在玩，你是怎么坐得住的呢？"

陈泽镕："因为学习是一种习惯啊。实在想出去玩，就强迫自己坐在书桌前，慢慢就能进入学习状态，坚持一段时间之后，成绩就变好很多呀。如果非要说逆袭有什么诀窍的话，那就是坚持吧。"

在他心里，学习时间不是衡量标准，学习效果才是。虽说陈泽镕是身边同学眼中的"学霸"，但他从来不觉得刻苦学习是一件可以感动自己的事，或者说他觉得学习的目的从来不是为了感动自己。

在学习方法上，陈泽镕更是有自己的理论，而不是一味地听老师的经验。

猿辅导：“平时的话，你喜欢跟着老师走，还是喜欢自己学习呢？”

陈泽镕：“虽然老师讲课非常重要，但我自己的学习方法会很有用处。英语老师有一次叫我去介绍学习经验，我就巴拉巴拉讲了自己的方法。英语考试的精髓在于阅读和完型，而这两项的精髓又在于单词。我平时从不专门背单词，遇见不认识的词，用词根猜一下基本就能理解大意了，不非要用某个中文词很精确的描述。大意看得懂，做题也就问题不大了。单词是背不完的，猜词才是王道，我觉得这些方法比老师分享的阅读的套路之类的好用多了。”

除了在英语学科上经常“不听老师话”之外，在其他学科上，每当有什么知识点老师没讲明白的时候，他也会去猿辅导上搜一些专题课来听。

猿辅导：“除了英语，别的科目遇到不懂的问题，你是怎么解决的呢？”

陈泽镕：“我在网上买课都是按知识点来的，哪个知识点不会，就去听哪个知识点的专门课程。”比如数学的圆锥曲线部分，“这部分方法技巧非常多，我之前在猿辅导上听过陈飞老师的课，他总结得很好，给了很多结论。这些结论不用背，自己推导几次之后就能记住，做小题时直接用，特别节省时间”。

陈泽镕说猿辅导用起来特别方便，不用改变自己每天的时间计划去迁就这些辅导课。

猿辅导：“所以你用猿辅导是看中它的什么优点呢？”

陈泽镕：“省时间啊！我每天习惯从自习室回家再听猿辅导的课，晚上 23:00 点，哪有时间上线下辅导班呢。”

猿辅导：“高三学习这么忙，你还有精力在网上听课吗？”

陈泽镕：“肯定有的。就在高考前几天，我还听了张成老师的化学课，讲了差量法，我之前从来没听说过这种方法，但理解了发现竟然解题这么快。”陈泽镕说在张成老师的化学课上，总能听到“脑洞大开，眼前一亮”的方法。

虽然有自己的学习态度和学习理论，但当努力看不到效果时，陈泽镕也曾感到过迷茫和失望，也有心中的目标不那么坚定的时候。

猿辅导：“前面你说自己高中一开始成绩不好，后来逐渐逆袭上来了。那逆袭之后成绩就一直很稳定吗？”

陈泽镕：“不是，高三我也有考得很差的时候。那应该是在高考前一个多月，到了重要的冲刺关头，我质检考试的成绩莫名其妙地退步了，可以称得上是史无前例地跌出了全班前十名。那一段时间，自己很烦躁，做作业效率很低，整个人都不太好了，觉得完全没有希望了，怎么努力都没有成果，越考越差，突然不知道为什么就退步这么多，心情也特别压抑。”

他去找年级组长聊天，请班主任帮忙分析原因，自己也认真反思了这前前后后的学习状态，之后一致得出结论，这只是学习状态上的正常起伏。

陈泽镕：“年级组长说，他相信我的水平和基础，没关系的。”

老师的话还真的给了他很大信心，于是他还是按照以前的学习方式一直坚持，成绩也就慢慢恢复到前五的水平了。

猿辅导：“的确是这样，高三的学生很容易遇到瓶颈期，这件事情过去之后，相信你应该更明白怎么应对这样的情况了。”

陈泽镕：“的确，这件事当时给我打击很大，可现在来看看，我觉得也不过只是一件小事了。为了减轻压力，高考前几天，全班同学下了晚自习，都一起坐在校园的大树下，围成一圈看星星、聊天吐槽，聊现在的学校生活，聊对未来的憧憬，也聊现在的压力和不如意，聊着聊着，大家都放松很多。”

猿辅导：“看来你们很会给自己解闷啊。那你高考那两天状态调整好了吗？有没有紧张什么的？”

陈泽镕：“我一直不紧张，高考时比较放松，可能这就是我的性格吧。高三时，学校实行周考制度，每天考一门，每周就相当于完成了一次高考。大大小小的考试见得太多了，所以考到后面也没什么感觉了，已经练到了心如止水，也就不紧张了。高考前一天，因为作息时间突然改变所以有点失眠，躺在床上开始想大学的事情，想未来的选择。但后来想到高考也并不会决定你的一生呀，以后只要努力，会有很多机会的，就更有信心，更放松了。”

猿辅导：“那你心态还蛮好的。那家里面对你的学习有什么要求吗？比如催你学习什么的？”

陈泽镕：“我爸妈从不会督促我学习，他们每次都跟我说：别熬夜了，多休息。但其实我也没听。他们都很开明，对我玩手机什么的都没有控制，甚至到高考前一阵子他们还劝我别学习了，多逛逛淘宝，放松一下。”

开明的父母给他带来的不仅是自由的亲子关系，而更是一种“自由的思想”。孩子不拘泥于父母的人生经验和眼界的局限，也不拘泥于父母那个时代的思维模式。

猿辅导：“看来你爸爸妈妈对你管得很松，专业上应该也是你自己选的吧？”

陈泽镕：“爸妈给的建议虽然很多，但干涉很少，大事都是我自己拿主意。不过，爸妈给的关于选专业的建议，我会参考。”

陈泽镕说，他平时很少玩游戏游戏，有时候想休息就会刷几集《嗜血法医》，他是这个已经有八季的限制级美剧的忠实粉丝。“我最喜欢的人也是里面的男主 Dexter，他说生命即谎言。在世俗眼光里，Dexter 并不是一个好人，但如果非要选一个人做偶像的话，就是他了。”

04号学霸：曹子凡

毕业于河南省漯河高中
香港大学经济与工商管理学院

曹子凡说自己是“足球狗、综艺咖、脑洞大起来连自己都怕”，把自己定位为“创业型选手”。他目前就读于香港大学金融专业，在同学看来，他是一个“稳扎稳打的学霸”。

猿辅导:“成绩出来有什么感觉吗？”

曹子凡:“成绩一贯还不错，所以对这个结果也就淡淡的。高考也不能算是终点吧，就是踏上更高平台的必经必由之路吧。”

付出与回报在曹子凡的学习世界里始终呈现正相关关系。整个高三阶段，曹子凡的年级整体排名大致维持在15名之内，取得过两次年级第一，几次第二。即使是曹子凡口中“成绩不佳”的阶段，他的年级排名也在70名之内。

猿辅导:“作为学霸，你会很喜欢学习，享受学习吗？”

曹子凡:“我不能说享受高中这种学习方式，虽然我不讨厌，但也绝不会喜欢上。我不是乐在其中的圣人那种类型，我更享受学习之外的喜怒哀乐。”

猿辅导：“但还是会尽全力考得好。”

曹子凡：“嗯，对于像我一样的普通民众而言，高考是全世界最公平的一种选拔方式，没有比这个更公平的事情了。所以高考是我前进的方向，我必须为之付出努力。为了不让成绩出来后追悔莫及，我要用自己的方式，定下一个目标，然后竭尽全力去实现它。”

猿辅导：“你觉得跟着老师学或者自主学，怎么安排比较合理？”

曹子凡：“我觉得最好的学习状态大概是老师安排和自主学习比例四六开，缺一不可吧。高一高二跟着老师打好基础，高三一轮复习时紧跟老师节奏搭好学科整体框架很重要，在二、三轮复习中发挥自己的主观能动性可能会有奇效。”

曹子凡认为自己是“放养”长大的孩子，父母只负责照顾他的饮食起居和保证生活质量，对于选择什么大学、就读什么专业、如何申请国际高校等从不干涉，这也培养了曹子凡的独立精神和自制力。

从小学五、六年级起，曹子凡就接过了从妈妈那儿“光荣下岗”的二手手机，直到现在，他每天都带手机上学。

曹子凡：“我是走读生，虽然学校可以住校，但我还是选择每天回家跟父母聊聊天、吃吃饭，享受比较好的生活质量。我每天包车上下学，在车上的五六分钟时间里，我会用猿题库刷十道地理题、政治题或者历史题，其他碎片时间也经常用来做选择，日积月累下来是一笔不小的收获。猿题库的选择题很好，更新及时、题目新颖、收录也全面，原本我文综方面选择题错的多，经过这些训练高考时候文综选择题错了不超过四个，猿题库在这个方面的确帮到了我。”

猿辅导：“高考的时候会紧张吗？”

曹子凡：“刚上场的时候很紧张，然后我就给自己积极的心理暗示，告诉自己：‘放心吧，一定会成功，平稳发挥就好。’这也是我认为高考考场上最重要的‘应试技巧’。一定要调整好心态，在考试中不能紧张，淡定地面对每一道题，做好每一道会的题，不会的就放弃，调整好你的时间。”

猿辅导：“你英语考了 143 分，这是你最强势的科目吧？”

曹子凡：“嗯，我最强的科目是英语。有人问我英语为什么那么好，我觉得是有天赋的，我对英语有一种天然的喜爱。我喜欢泰勒·斯威夫特，几乎听过她所有的歌。泰勒是一位创作型歌手，填词能力非常强也非常用心，主歌部分每一句歌词都不一样，我在英语方面的一些感觉就来源于她的歌词。比如有一句，

Taxi cabs and busy streets，They never bring you back to me，这种情景交织的表现手法让我灵感一现。”

猿辅导：“所以哪门学科是你的弱项？”

曹子凡：“语文是我最薄弱的一门课，在漯河高中的年级前十名中，只有我的语文下了120分。高三时我加大了语文题目的练习量，以将成绩稳定在120分。有的同学觉得语文练习不是很重要，其实这是一种错误的认识，多练才能熟悉知识点。成语、文言现象、文化常识等知识积累，都能让你的语文成绩增色不少。平时多注意收集作文材料、建立素材积累本。多阅读一些经典，既能积累素材又能增强文学修养，一举两得。我喜欢《基督山伯爵》《三个火枪手》，十分敬佩达达尼亚那种‘人人为我，我为人人’的精神。另外，我还经常阅读《人民日报》评论员的文章来模仿他们的思维方式。”

在曹子凡看来，任何一个学科都是需要一个错题典题本的。他说，相比刷题本身而言，整理错题典题要重要得多。

曹子凡：“高三下大部分是自主安排时间，刷题是其中很重要的一个部分。我的刷题量也是比较大的，除了完成老师布置的作业外，还要额外增加一套卷子，比如金考卷、历年高考真题、优秀的模拟题等。一定要刷够足量的题，但不要一味刷题，不搞题海战术，要把效率、准确率提升上去。”

曹子凡：“就文综的地理学科而言，可以按照大气、地形、工业区、农业区位、特殊地理现象、可持续发展等模块去整理，也可以按照中东、俄罗斯、欧洲、北美洲等地区整理，以对地区环境有一个整体了解，这就好像把知识上传到云，分门别类地整理。因为高考是不会出原题的，通常是以一个地理区域为依托。当把题目中出现的国家放在地区内思考时，就可以利用大数据思维唤醒该地区的一系列知识点。”

漂亮的成绩单的背后写满了日复一日的坚持。12:00 上床睡觉 5:50 准时起床是曹子凡高三的常规作息，在学习成绩略微产生波动时，曹子凡更是自觉将睡觉时间延后到了凌晨 1:30。目前，曹子凡开始了在香港大学的新生生活。

猿辅导：“刚去港大感觉怎么样？学习状态什么的。”

曹子凡：“这才是我喜欢的学习状态，港大给了我很大的自由空间。这学期除了统计学和粤语是必修之外，其他科目都可以自主安排。我选了数学、西班牙语、宏观经济学、当代社会的专制与民主几门课程，每次上西班牙语之前我都很期待。”

猿辅导：“现在可能就有更多时间给兴趣爱好了吧。你有什么业余爱好？”

曹子凡：“除了工作学习之外，我生活中最重要的就是足球了，我简直是个‘足球狗’，我喜欢皇家马德里这支球队和卡西利亚斯、C罗、贝克汉姆、齐达内。美网、法网、温网也都有看，四大天王除了穆雷外我都很喜欢。我在港大刚报名学习了网球，生命在于运动嘛！”

“独立”和“创新”是曹子凡身上最鲜明的两种特质。“我喜欢Apple，Google，Facebook，Adidas，我不喜欢Nike，Nike是一个版型供全球的，Adidas就极具创新精神。”

曹子凡欣赏的偶像是社交网站Facebook创始人马克·扎克伯格。“扎克伯格是个富有的人，但他毫不在意这一点，常年穿着灰色的汗衫，开着那辆‘破’本田，捐赠99%的股权。他的出发点是真正为社会做贡献，一个成功的企业家能有这种情怀是值得人敬佩的。”

猿辅导：“所以你对于未来有什么规划吗？”

曹子凡：“大学毕业后，我的梦想是进入哈佛大学读研究生，然后进入投行或者咨询公司工作。不过我最终的目标是创业，经营一家有创新性的、可以为生活带来便利的公司。创业很难，所以我要先工作积累经验和资本。”

PART2

互联网，通向“罗马”的新大路

俗话说“条条大路通罗马”，假如你曾经面临资源匮乏的困境，假如你被别人打上过“差生”的标签，恭喜你，在这个时代你有一条新的大路，带你通向学业有成的“罗马”。

PART2
互联网，通向“罗马”的新大路

袁瑞洋的爸爸曾经就读于他们的县一中。他反复告诉儿子，当年自己接触到的老师已经是“最好的老师”。他根本意识不到省城里的老师可能比他的老师更好。

这并不是个例。上一个时代的学生上大学之前，普遍都觉得自己中学的老师最好，因为他们根本接触不到别的老师；对他们而言，学习资源本来就不多，学校的老师是自己唯一能依靠的人。

到了今天，有些学生能够意识到自己的老师并不是最好的老师，有些问题学不明白不是因为自己不聪明，而是老师的讲课技巧并没有那么高明。

他们觉得，自己确实不是天然跟别人在一条起跑线上的，是比别人匮乏的。

·谁在决定着你的前途

没进入“超级中学”，就没前途了吗？

每个省份都有那么几所家长挤破头想让孩子去上的中学。在北京，人大附中就是这样一所中学。

2016年高考，人大附中包揽了北京市理科裸分第一名和第二名、文科裸分第二名；包含加分，2016年北京市理科700分以上共有9人，人大附中就独占4人。这一年，人大附中文理科裸分600分以上共计411人，相当于好几所普通高中600分以上人数的总和。

北京人大附中、上海复旦附中、长沙雅礼中学、武汉华师一附中、西安西工大附中……每一年高考之后，他们都像割韭菜一样，收获了当年度的“高考赢家”。成绩出来之后，在这些中学的校园里，能看到来往不绝的清华大学、北京大学招生办的老师。

这样近乎批量生产高考高分学生的学校，被称为“超级中学”。

超一线城市或一线城市出现这样的超级中学并不是偶然的。

在100所中国顶级中学中，有67所集中在省会城市，大多都是办学悠久、师资力量雄厚“老牌名校”。而非省会、发达城市，也出现了河北衡水一中、安徽毛坦厂中学这样专门应对高考的军事化管理的中学。

无论是哪种超级中学的出现，都表明在今天的中国，教育资源明显呈现出越来越集中的趋势。

李晖：“我们整个大余中学目前也只有一位教政治的国家特级教师和一位物理国家特级教师。之前我的初中只有一位特级教师，却还被北京的丰台二中挖走。不过我自己确实通过网络学到了很多东西。”

一线城市超级中学的频频崛起的反面，是三线、四线城市留不住优秀教师的现状——老师也要追求更好的环境、条件，会考虑搬迁到一线城市生活工作。

这样一来，全省范围内的中考就会变成高考的提前筛选环节，甚至会出现“一旦在中考进不去超级中学，在高考就进不去好大学”的局面。

戈璐通：“我就读的学校叫登封一中，是县里最好的三所中学之一了。虽然是重点，但是一年一本上线的也就七八个。能真正上一本院校的就三四个，而能上211的最多三个。文科一个年级200多人。

自己很少请老师，因为当地没有很好的老师，而且整天都看到老师，也看够了。自己要补课也得自费，父母也会同意，但是自己不会这么选择。而且自己假期少，一个星期最多半天或者一天的假期，没有时间补课，在网上学习效率高，不用跑来跑去。

2016年高考之后，猿辅导在线上举办了状元和学弟学妹们的经验交流会。

有一个状元的问答环节中，有一个学生抢到了问问题的机会，他说：“学长，我已经上高三了。我到底应该跟着老师的进度复习呢，还是应该自己说了算？”

这位状元来自某省会城市名声最大的重点中学。

他的回应是：“你可以两者都结合着呀，不过我觉得你可以相信老师啊，老师的节奏也可以多跟一跟。”

这位提问的同学回答道：“我很担心啊，因为去年我们全学校只有一个人考上一本。”

状元陷入了沉默，不知道是否该继续劝他跟着老师的节奏开展复习。或许是因为状元也开始觉得，可能这位同学学校的老师，不如他自己重点学校的老师值得信任。

这位同学和许多同学一样，他们就读于师资不佳的学校，他提出的是这群同学面临的共同问题：他们缺乏对老师的信任和对自己的信心，他们甚至不相信跟着老师学下去能取得好的成绩。

对于超级中学的学生来说，天天听着老师讲自己“一年带出三四十个清华北大”的案例，自然是信心满满。而对于这些普通学校的同学，眼看着以前的学长学姐，按照学校老师的这一套教学方法，并不能取得优异的成绩，自己还能有信心跟着他们学下去吗?

就读于师资强大的中学，还是师资力量相对平庸的学校，对学生来说不光是教育资源上有巨大差别，还有心理层面上的巨大落差。

但是，在互联网时代，这不是不可改变的死局。

不应该存在的概念:“慢班”和“差生”

对于学生来说，就算进入了师资力量还不错的学校，也未必能得到老师的“宠爱”和关注。如果在一个师资力量薄弱的学校的非重点班，对他们来说就像剥夺了希望一样。

毕竟，教师的注意力有限，势必要进行分配，而教师的注意力不可能保证平均地分配到每一个学生头上。在一个学校内部，所谓的快班就会有形无形地挤压慢班的教育资源，无可避免地形成教育资源的垄断。

在公众号小猿老师的后台，我们收到了这样一条留言，来自高三学生“悲伤的双曲线”：

小猿老师，不知道你会不会看见我的消息，但我还是抱着很微茫的希望发了。我现在是一名高三狗了，但是我并没有进到学校的尖子班。或许你们不是很了解，在我们这样的山区，高三没有进到尖子班，基本上是没有什么希望可以考大学的。前几天上体育课，我和几个同学悄悄地躲在尖子班课堂后门，想看看我们有什么不一样。刚好他们在讲数学试卷，那个老师说：“你去看看那些普通班的学生，他们做得很差的，第一题都错。不过我们跟他们不一样，他们就是来陪读的嘛，我们才是考大学的。整个县的未来就在你们身上了。”当时我们几个就哭了，原来我们就是这里的陪衬？我们存在的意义原来就是给这几十个苗子做陪读的，而且还得倒贴钱？我承认我们成绩差，总分四百多就是班上最高分，他们最高分的有五百八十多。他们是希望，我们是渣渣。我自己的成绩比不上他们，但我语文和英语在级里面的成绩也不差，一般在一百多左右。但是数学43，物理29，化学也才刚及格。有时候我自己也幻想，嗯，我是有希望的，再努力一点说不定可以挤上重本呢。可是，原来这只是我的幻想而已，我们这一千多人，就是个陪读的。小猿老师，这就是命运吗？我们这些差生真的只是陪读的吗？我不甘心。可不甘心又能怎样，我没有实力啊，在这校园里卑微如蝼蚁。家里供养一个高中生不易，如果只是陪读的，还不如早早去社会赚钱。可我不敢跟父母说，他们供我读书读了那么久，就是希望我能考上大学啊！村里别的女孩都没有继续读书了，亲戚们也都劝父母也让我出去打工吧，反正也读不上什么好大学。可父亲却坚信，不，这孩子语文和英语好，有前途着呢。每每想到这，眼泪就夺眶而出，以前是感动，现在是愧疚。

如果一旦被定义为“差生”，被送进了“慢班”，就意味着失去了接触最优的教育资源的机会了。这位学生和同年级的一千多人，真的只是“陪读的”吗？如果教师在教育的过程中，就让孩子产生了“被放弃”的感觉，他们还能坚持学下去吗？

实际上，一个给学生贴上“差生”标签，不关心学生、不把注意力往学生身上投放的老师，对这个学生来说，伤害是巨大的。

一个学生被轻易贴上“差生”的标签，可能只是因为他学习某一个知识点的时候比较慢，但这不代表他掌握其他知识点也慢；另外，即使他掌握知识点慢，但可能一旦掌握了之后又会比一般人牢固。然而在当前的教育模式下，有一些老师会粗暴地给学生分类分等，蛮横地决定谁有权力得到更多的教育资源，这一点对学生来说是最致命的打击。

心理学上有这样一个实验例子：美国空军学院预备班的 100 名学员被随机分配到 5 个班上数学课，教员们并不知道分配是随机的，相反，他们被告知学生是根据能力的高低加以分派的。后来发现，那些“高能力”班的学生比“低能力”班的学生数学成绩提高得多得多。其实，最初每个班中学生的能力是相同的。[6]

很明显，虽然教师并没有意识到自己对学生有任何偏见，但通过语调、身体语言、鼓励或批评等方式把自己对学生的期望微妙地传递出来，这种暗示对学生产生了影响。[7]

一旦老师认定了学生没有潜力，学生的潜力就真的会受到影响，按照老师的“预言”去成长，这种现象被称为**“自我实现预言”**。所以，被贴上“差生”标签的学生未必是差生，但这种消极的自我实现预言会令他们对自己也产生消极看法，从而失去了变得优秀的机会。

假如你是被定义的“差生”，不要被标签困住。外界的标签是无法摧毁一个人的自信心的，只有自我放弃才会。

对于一切想继续学习的所谓“差生”，确实存在着这样一条出路：

不是在学校才叫学习，不是只有班级里的老师才给你提供教育资源，去上网寻找你需要的学习资料吧。

· 网上的好老师

普通人生在这个时代，何其幸运

在我们现在生活的时代，呼吁教育公平已经成为了一种共识，但这种理念并不是天然存在的。在中外历史上，教育曾经并不是一件人人都可以享受的权利。

以中国为例，在中国古代的奴隶社会，社会的学术内容以礼乐祭祀为主，因此学术与礼乐祭祀一样，是国家的重要制度之一，仅仅掌握在统治阶级手中。

夏商两代的教育对象仅仅局限于奴隶主贵族子弟，到了西周才逐渐选拔一些低级贵族和士人、平民的子弟入学就读；百工之人和奴隶阶层始终没有得到学校教育的机会，只能依照原始社会口耳相传的方式进行生产劳动知识技能的学习。

而且，学习的材料也是一大问题。古代的生产力尚不十分发达，教育内容和学术知识记录在笨重且昂贵的甲骨、金石、竹木简牍上，因此只有官方才能够有财力和物力来制作典籍、书册，民间是没有这个能力的。国家将历代文书整理刻写之后，由专门部门管理、保存，只有官员、大学者才能够接触到，普通人是没有接触和学习的机会的。[8]

和古代相比，在实行义务制教育的今天，至少实现了人人都能获得教育的机会。

但和古代类似的是，父辈获取资源的情况，仍然影响孩子的受教育情况。

美国的常春藤学校中，哈佛每年的新生调查都会问新生一系列问题，例如经济和教育背景，对于政治和宗教的看法等。根据2016年的调查，家庭年收入低于4万美元的新生不到总人数的15%，大约16%的新生家庭年收入超过50万美元。

在年收入高于50万美元的学生中，大约有一半的人是他们的家庭背景成为哈佛选择他们的重要因素，他们当中三分之二以上的人有亲戚曾经上过哈佛。[9]

家庭背景对个人发展的影响在美国的政治生活中也有深刻的反映。在美国几百年的建国史中，形成了若干个强大的政治家族。

比如我们熟悉的布什家族，就是一个赫赫有名的美国家族。族员中有很多非常成功的银行家和商业巨贾，还曾产生过两个美国参议员“一个最高法院大法官”两个州长以及两个总统（其中一位还曾任副总统一职）。乔治·赫伯特·沃克·布什和芭芭拉·布什1945年结婚至今，成为美国历史上结婚时间最长的总统夫妇。布什家族传记的作者彼得·施魏策尔将该家族称为“美国历史上最成功的政治朝代”。

再如罗斯福家族，是一个卓越的商业和美国政治世家，为荷兰移民的后裔，该家族产生过两位美国总统，分别是西奥多·罗斯福和富兰克林·德拉诺·罗斯福。

这些政治家族在某种程度上影响着美国的政治动向。而相比之下，出身底层的人，很少能够坐上总统的宝座。这实际上表明，即便是在美国这样一个以民主平等为理念的国家中，那些拥有家庭背景的人获得了更好的教育资源，从而成为社会的精英，进一步巩固了自己的家庭地位，形成一种家庭背景和掌控社会资源的循环。

虽然全球都面临着地区和地区、学校和学校之间教育质量差异较大的现状，但好消息是，互联网让获得优质资源的成本降低了，更多的资源被分享到网上，你可以随时获得资源：只要你乐意。

例如我们熟悉的大规模开放在线课堂，又称“慕课”，就是互联网时代出现的典型产品。对于一个现代人来说，学习不是在你走出教室的那一刻就终止了，你应该想学就学、需要学就学，无论时间和地点。

你不需要出身于能够负担得起百万学费的家庭，就可以参与到全世界精英名校的课堂，只要你懂得英语，只要你有能够联网的电子设备。

慕课，英语 MOOC（Massive Open Online Course），是一种针对于大众人群的在线课堂，人们可以通过网络来学习在线课堂。MOOC 没有完全既定的定义，但有两个显著的特点：

- **Open access/ 开放共享：**MOOC 参与者不必是在校的注册学生，它是让大家共享的。
- **Scalability/ 可扩张性：**许多传统课堂针对于一小群学生对应一位老师，但 MOOC 里的大规模课堂是针对于不确定的参与者而言来设计的。

Coursera 就是这样的一个慕课网站。这个网站由斯坦福大学的计算机科学教授吴恩达和达芙妮·科勒联合创建，与许多大学合作，包括斯坦福大学、密歇根大学、普林斯顿大学和宾夕法尼亚大学等，给大众带来一些在线课堂。

在 Coursera 的首页上，陈列着多个大学的不同类型的课程，例如斯坦福大学的机器学习，耶鲁大学的金融市场，密歇根大学的编程入门等课程。学习者可以根据自身需要选择相应课程，进行学习。

Coursera 的 CEO 里克·莱文（Rick Levin）认为，人们在整个职业生涯中都会寻求接受教育的机会。在未来 10 年，在线课程将不仅仅是业余时间的消遣，它将变成必须。[10]

他们选择网上授课，是因为……

令老一辈人难以想象的是，越来越多的优秀青年教师并没有选择进入公立学校，而是选择更自由的网上授课形式——他们宁愿当在线辅导学校的老师。

尽管他们很多人毕业于清华北大北师大等一流院校，但他们宁愿选择没有户口、没有编制也没法评“特级/高级教师”之类称号的一条路。

他们会什么会做出这样的选择?

• 因为网上教学的传播效率，能让知识在单位时间内传递给更多的人，这能带给老师成就感。

网络教学没有一个物理空间上的具体“课堂”，这就大大放宽了在线听课人数的限制。理论上来讲，假如服务器支持的话，可以有无线多人同时在线听课。

北大化学学院毕业的张明燃老师是猿辅导的化学老师，他说，他平均一节课的学生大概在1000人左右。他一年上700节课，估算了一下，一年的听课人次就能达到70万。

他说："这个数字对比线下，可能我一个季度带的学生，如果就是按人次算的话，可能超过了一个线下教师他一生所带的人数。这个时候无论是你自己个人的成就感，以及比方说我很自负的认为，我这套化学的经验非常好，我希望普及更多的人，这种荣誉感，那都是线下所完全无法比拟的。"

● 网络教学的过程，是由中间水平领导进度的课堂。

许多有过线下授课经验的老师初次在网上授课会发现：都是随机来上课的学生，似乎网上的学生更"笨"一些，会问一些更加基础，更加"不聪明"的问题。

难道真的是用互联网学习的孩子基础更差一些吗?

张明燃在教学的过程中发现，这种情况的出现，是因为网上教学鼓励了大部分孩子说出真实的问题，反应了这个班大多数人的进度。

而在线下的课堂，课程的进度往往由学习进度最快的学生掌握，这个特点在补习班尤为明显。如下图，如果人掌握知识的情况呈正态分布，抛物线最右侧就是进度最快的学生。他们在课堂上争抢着发言，老师得到的反馈就是他们的声音。经常大多数同学还没听懂，老师就得到了"听明白了"的反馈，导致越来越多

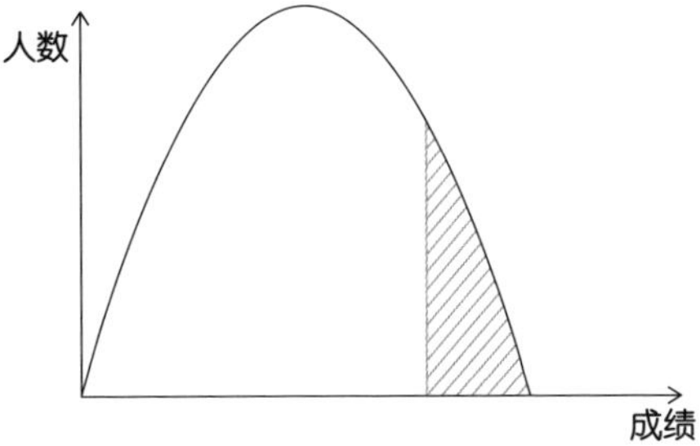

线下课堂积极反馈的学生群体

的学生觉得跟不上。

线上的课堂则完全不同，学生不会怕被人嘲笑——反正也是匿名的，平时课堂上不敢问的“蠢问题”就接踵而来。这样的情况下，他们的反馈才是真实的大多数人群的需求，是处于抛物线中间的大多数人群的真实反应。

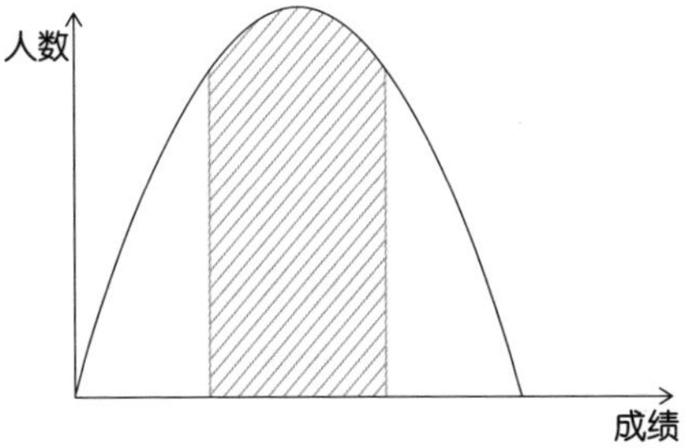

线上课堂积极反馈的学生群体

● 网上教学的过程中，教师觉得自己能无差别地帮助到全国各地、各种条件的学生。

和医生这个职业一样，选择教师这个职业的人大多数有一种想要帮助别人的意愿。

张明燃说："每次当我看到我们后台，看到有 75% 的学生来自于非一、二线城市，包括我自己在北京大学的时候，负责过一些微课的项目，调研过 12 个县的贫困县。当我真真切切地看到县城，三四线城市的县城的高中是怎么样运作的时候，我就觉得这件事情一定要做改变，那这个时候就永远不会累嘛。"

● 在线教育也在地理空间和时间上解放了教和学的双方—老师和学生不必在同一时间、地点上课。

即使相隔着大洲大洋，也不影响优秀老师授课：即使课程是在白天，学生也可以在下课后学习。这样，一些不喜欢被朝九晚五的作息禁锢的老师，就会涌向作息更自由、坐标也更自由的互联网。

目前，越来越多的线下名师也乐意加入到网络授课的行列中来。越来越多的老师意识到互联网教育行业的发展是一大趋势，他们逐渐接受并且融入其中，转战线上讲课就是尝试的第一步。网络授课给他们带去额外的收入和更多的成就感。

链接:【混合式学习】翻转课堂，美国的一场学习革命

美国的在线教育网站可汗学院成立以来，进行了许多教学的尝试，其中最著名的就是“翻转课堂”。

所谓“翻转课堂”（Flipped Classroom）指的是让学生按照自己的学习进度在家中听课，然后在课堂上与老师和同学一起写作业、解决疑问——本来是在学校听课，在家做作业，现在完全翻过来了。

这种模式是如何改善学生学习的呢？这不是简单地把听课和完成作业的时间对调而已。

在家里用互联网学习，让学生拥有了更多的学习自由度。学生能在家里自主学习，意味着由学生自己掌握自己的学习进度，对于不熟练的知识可以反复多听几次，对于能快速掌握的知识可以快进略过，能够最大程度地掌控自己的学习。

原来在教室里留给老师进行讲解的时间，现在留给了学生去完成作业，由老师提供必要的协助。同时，还可以和同学进行讨论。关键的区别在于，课堂时间不再用来被动地学习陌生的课程内容，取而代之的是，学生在学校做练习题、讨论问题或研究课题。学生在课堂上进行的是主动学习，而根据众多与学习相关的

调查研究表明，主动学习相比被动学习效率更高。

· 是时候改变你的学习方法了

学习机会是自己争取来的

假如你不在超级中学，或者不在“尖子班”，或者被定义为“差生”，这或许是比较不利的现实状况。

但不利的外部条件从来不是一个人真正放弃的理由：只要你不放弃自己，资源并没有你想的那么难以获得。

《如何高效学习》一书的作者斯科特·杨（Scott Young）是个学习狂人，他用仅仅一年学会了麻省理工大学四年的课程。他把自己所推崇的学习方法称为“整体性学习”。他在书中介绍，整体性学习有以下几个步骤：[11]

（1）获取　即吸收信息

（2）理解　理解信息的基本意思

（3）拓展　学习中最重要的部分，形成模型和思维联系

（4）纠错　纠正错误联系，删除无效联系

（5）应用　真正了解知识的使用场景，信息在现实中的应用

该如何调整

同样是觉得自己“学习不好”的人，存在的问题不一定相同：上述五个环节，都可能是他产生问题的关键点。比如说，一个上课走神没好好听课的人，在获取阶段就出现了问题，而有些人是理解得十分透彻，却不知道怎么应用。

但即使你搞清楚了自己哪个环节出了问题，老师的注意力资源有限，或许也无法针对性地解决你的问题。

既然你已经学会了用手机上网，聊QQ，玩游戏，有没有想过通过互联网来做点对自己长久有益的事情呢？比如说，自己动手寻找学习的资源和工具。

机会从来不是留给坐以待毙的人，只有全力以赴去争取，才能成为上天眷顾的幸运儿。既然现有的学习条件不能满足自己，那么就应该主动地跨过山和大海，寻找一切可以利用的机会。

唐雪薇：“很多题我自己不会，父母也没法给我解答。以前都是我自己去一个一个去电脑上查的。高一高二以前也是找老师补课了，开始是补数学。学会了深度的理解，进步很大。理科就是你理解了，大门打开就好了。”

董小双："数学相对来说比较差，用猿辅导跟这个也有关系。高三一模之前，我因为身体原因做了手术，耽误了两个月的学习。那时候，学校在进行一轮复习，我也不希望自己落下课程，再加上自己对互联网比较关注，之前就知道猿辅导，和小猿搜题以及猿题库。一开始是学数学，寒假时候又报了文综的课程，到下半学期，学习才慢慢赶上来。我因为身体原因在学习的时候有些力不从心，猿辅导的专题课程真的帮了我很多。"

马晓龙："听力很重要，我是初一开始。买了复读机来练。我是每次考完试之后，不会说有语速快了我听不懂的情况，在讲题时，我都会想起那时候的对话是怎么样的。是积累的过程。"

潘丹阳："希望能让父母越来越接受，自由学习的一种状态，这种教育方式是未来的趋势。对现在的老师们来说，是一种抢资源的方式。比如现在做辅导班的话，学生就会越来越少。我对线上辅导机构的概念，以为是学习能力很强的学很多先修的，之前都感觉很难。现在觉得对很多的资源短缺的地方很有帮助。课外培训的话，很多都是自己老师，教得也不好。"

李金格："手机里最常用的应用除了猿题库还有猿辅导、新东方乐词，有的同学还喜欢百词斩、有道词典、微信、QQ、浏览器Safari。

我是一个苹果狗。我觉得这种东西都是会让你效率飞起的。我当时立体几何三视图没学明白，我就看一些画三视图的工程绘图的方法，我就想知道除了干看有没有系统的办法。我觉得你要好奇，要真的去学，多自主地去寻找办法，去改善老师给你的这个套路。”

戈璐通：“在还没有开始总复习的时候，就按照学校的进度，早上五点到晚上十点。总复习的时候开始用猿辅导，网络课程很有用，每天晚上七点到十点的晚自习请假回家看课程。晚自习不上的话，作业做得更快，主要是讲习题，但是这些东西自己很早就搞完了，毕竟学校主要照顾三本和二本，对于自己这种比较拔尖的，不管用。因此自己在网上一直找的拔尖类课程。当时出去补课的人很多，有很多成天在外面的，自己算是好的，一个星期内周六日这两天在外面看猿辅导。平时有的课看不完，只能选最重要的，周末再来把最重要的课听完。自己在学校也没有时间专门作辅导，因此也找了一个一对一老师来辅导自己。因为自己学习比较好，老师也不反对。

“老师不太支持网上补课，因为之前都没有听说过，整个学校就自己一个人使用，但是没有同学尝试，因为他们有各种顾虑。自己在这上面看到了自己有需要的，但是学校不能给自己的。比如很多课，学校老师不会非常精细地去讲，但是猿辅导的分类很细致，比如解题技巧之类的，收获了很多。高考前的复习方向都是在猿辅导上获得的灵感。

“如果按一个星期算，大概2/7到3/7的时间会用猿辅导、猿题库和小猿搜题。自己用百词斩也比较多，现在也在用。它非常形象和方便，还有阅读计划，里面还卖名著。自己用得最多的就是猿辅导和百词斩，放松的话就用用QQ音乐。”

李晖：“高中三年，校长亲自担任物理老师，上课时会就着练习册上，挨个问学生会不会做，没有人吭声就接着问。有人如果说哪道不会，校长便会翻开练习册的答案页，将那道试题对应的答案念一遍。越到后来，渐渐没有人再有兴趣提问了。每年提前班除了个位数学生，其他人都可以考到一本以上的学校。”

高中三年，李晖的物理成绩一般，总成绩在提前班里居于中游。复读一年后的他的高考成绩，到了全班前十。高考冲刺那段时间，李晖向老师申请了去空教室上课。每周讲一次题，大多数时候是做题，而教室里也比较吵。有一次他将手机带到学校去听猿辅导的课程。声音太大被老师听到过来询问，得知他在“听课”时，老师非常诧异，问他“什么？”，反复解释才终于让老师明白了他在做什么，他是如何通过网络学习的。后来有陆续很多同学效仿他来空教室做题，被校领导得知后明令禁止。诸如去空教室“特立独行”，李晖不断地在尝试新的方式来面对高考。

私人定制的学习套餐

在学校的教学过程中，学习进度的推进是按照时间进度来的。

比如，假如老师规定圆锥曲线的教学进度是三个星期，那么三个星期之后，无论每个学生掌握到什么程度，都需要进入下一个教学项目了。

因此就会出现这种情况：可能你还没有掌握圆锥曲线的概念，就跌跌撞撞、模模糊糊地进入了概率论的学习。

当然也有可能，你只需要一星期就学会了圆锥曲线，剩下的两星期进入百无聊赖的上课走神 + 四处找同学聊天的阶段。

这就是统一用时间限定教学进度的坏处——毕竟每个人的学习速度是不统一的。在课堂上，教师是无法顾及全班的进度的。

真正有效地让每个人掌握知识的方法，是根据每个人的学习情况来确定分配多少时间和精力在某一个知识点上。在没有完全掌握这个知识点的前提下，不进入下一个知识点的学习。

戈璐通："自己一直使用电脑看课程。上网课显得很高端，最重要的还是课程最吸引自己，在学校，老师讲大道理很多，干货很少，进度很慢，针对性不强，这些在网上学习都可以弥补。老师讲的都是我自己会的，但是在反复在讲。"

在网上，他们可以按照自己的进度上讲解课程、反复刷题练习，就像逛淘宝一样，把自己需要的课程、题目统统装到购物车里，补自己的短板。

陈泽镕："每次我遇到哪一个知识点不太明白，难以掌握技巧的时候，就会去猿辅导听课。猿辅导上的专题课很多，基本都可以找到要听的知识点。平时晚上如果下自习早，就是十一点下了自己回家听课。周末会把这一周买的课都听掉。"

互联网给予了学生极大的自由度，可以让他们按照自己的情况调整学习进度，进行定制化的学习。

徐弘笛："自己住的地方没有 wifi，而且用的是非智能机，一般去麦当劳用 wifi 把课程下到平板上，看录播，直播不能调进度。自己作为理科生，物理却不好，每一科比较平衡，文理科都不强，都学得会，但是不算很精。每一科都上，但是物理更多。猿辅导的化学做得好，但是进度很慢，为了照顾大多数学生，自己基础好，没办法拉进度条。”

·高性价比的线上教育

我们记忆里的“上学”，就是到一个教室里，面对老师、粉笔和黑板。

我们记忆里的“补课”，就是花好多钱，到固定的地点上课，费时费力。而且讲过的课不能重复来一遍，不懂的地方很难自己解决。而线上课程不仅便宜，时间自由，随时随地都能学习，大大省去了不必要的时间消耗。

徐弘笛：“在线课程给自己的整体印象：价格很便宜，为很多学生带来了很多便利。线下上辅导班也是一个很大的开销。老师讲得简单可以拉进度条，听不懂的多看几遍，这是线上的优势。但是学生看直播会想玩，会玩手机。猿辅导价钱不算贵甚至说根本不贵，一般是自己出钱，开销也不大，几块钱，直接就用微信支付了。时代不一样了，我自己出门都不怎么带现金。”

陈泽镕：“最大的优点就是方便，随时随地都能听，而且还能找到自己想听的知识点。我特别喜欢‘学霸男神伴读季’这个专题，把要讲的知识点都列出来了，买课的时候就更清晰明了。猿辅导上的课还很便宜，在福建，线下大班课怎么也得一两百，线上只用几块钱。”

董小双：“感觉（猿辅导）就是专门为我们打造的。我可以在家里就能享受到比较优质的教育资源，而且很便宜，质优价廉。我会选定一个老师，跟他学了几节课之后，觉得还不错的话我会持续性的关注。猿辅导的课程真的是质优价廉，有很多课程的价钱都是在 10 元以内，这点我觉得是猿辅导可以做大做强一个特别重要的原因。一些其他的互联网教育辅导机构动不动就要很贵一节课，然后又不知质量如何，所以我选择猿辅导的话很重要的一点就是因为它真正做到了质优价廉。”

网上课程价格这么便宜，靠谱吗？

性价比高，是许多学生选择在网上听课补习的原因。

戈璐通：“平时零花钱没有固定的，自己也没要多少，只是买课给父母说，就会打钱。一共上了110节课，比较零散地买，其中有很多一对一的课，59一个小时。这些价钱对于父母来说，很低。因为线下的补习最低也要80多（一小时），而且也不一定有在线老师好，是自己的学校的老师。”

物美价廉，似乎听上去是一种便宜的骗局。但互联网时代，物美、价廉这二者是可以兼得的。

这是为什么呢？

讲这样一个例子，假设一架私人飞机，每张票的售价都是1000元，马上起飞，但还有一些空座位。这时候有个人临时买票，这个人只愿意出50元，飞机的主人该让他乘坐飞机吗？

答案是应该。因为他上飞机，几乎不会增加更多的成本（飞机飞一趟目的地的油费反正都要花费那么多），但是会给飞机主带来额外的50元收益，50元比什么都没有强啊。

互联网的时代的产品和这架私人飞机类似——每新来一个用户，不增加新的成本。

假如你一节课已经录制完毕，放在网上，那么理论上来说，新来多少人来听这堂课，成本都不会增加，而他们的付费都是纯增加的收益。因此，在理想的情况下，这个课只要开设出来，就可以免费地提供给无限人。（当然实际情况是要考虑服务器是否能承载这么多人来听课，飞机也不能承载无限多的乘客，对吧？）

一款刷题软件，只要开发出来，无论是一个用，还是一万个人、一亿个人使用，互联网企业都不需要从零做起，同一款软件可以供源源不断的新人使用，而企业只需要让服务器能够承载足够大的量即可。

小贴士：互联网的“免费”是怎么实现的？

在互联网行业，好像免费的服务越来越多，比如我们可以方便地从网上下载免费的资料，获得免费的课程，等等。“免费”会带来商家的亏损吗？商家为什么会做这种赔本生意呢？

《免费》这本书解释了互联网行业中免费的“秘密”。

首先，对于互联网本身而言，因为它赖以生存的科技边际成本，例如数据处理、带宽和储存成本等会逐年降低，甚至接近于零，提供产品需要的成本也就会越来越低。当它足够低甚至可以忽略不计的时候，免费就不是一个可选项，而是一个必选项。

其次，就消费者本身而言，“免费”永远是一个具有吸引力的词汇。为了节省时间、降低风险，为了获得相应的身份和地位，为了自己喜欢的东西，消费者都非常乐意付费。商家愿意用免费来吸引更多的消费者。

另外，对于商家而言，免费是营销策略。因为通过提供免费的服务或者产品，可以扩大企业的知名度，使企业推出的产品被更多消费者所了解。免费看重的是潜在价值，而不是短期内的直观利润。

常见的免费模式有以下几种：

全部免费＋广告

这种全免费模式往往会与广告植入相关。例如，在一个全免费软件内部，发布一些第三方广告，以此吸引这部分免费用户的注意力，并且可以收取第三方的广告费。

这种免费模式以搜索引擎为典型代表，例如谷歌和百度，本身提供免费的搜索服务。但是我们作为使用者可以看到，在搜索结果的页面上会有广告。这就吸引了很多想要宣传自己的公司前来投放广告。当然，打广告肯定是收费的。

部分免费＋收费

免费加收费的策略下存在四种模式：

1. 前期免费，后期收费。例如免费试用期为 30 天，之后进行收费。

有期限的免费模式，以 Photoshop 为例。在你安装了 Photoshop 之后，它会让你免费试用一个月时间，在这之后，如果你需要继续使用，就必须支付费用。这种模式能让使用者在前一个月有充足时间了解产品，可以吸引很多用户。

2. 基础版免费，高级版收费。功能简单的基础版不收费，功能全面丰富的高级版收费。

我们常常看到会员服务，就是这种免费模式的表现。比如迅雷，普通用户可以享受到一般的下载服务，但是成为收费会员之后，可以享受更高速的下载服务。再如优酷，普通用户可以享受一般的视频点播等服务，然而却经常受到广告的困扰，有时候想看一些视频，却发现要会员才能点播。在这种情况之下，他们不得不升级成为优酷会员，从而享受去广告和某些视频的点播的特权。

3. 一定数量的用户免费，超过这个数目的用户收费。比如产品推广前期给出部分免费名额，之后使用的用户则要收费。

这种免费模式主打限量，比如 Appstore 限时免费或者是周免

APP。听起来像是限时，但实际上这种限免是为了给一些 APP 一定的宣传空间，希望一部分用户通过免费试用这些 APP，达到宣传的效果。

明白了“免费”的原理，就能明白自己是不是真的占到了“便宜”，从而判断是否能够更安心地使用这些产品。

LEARNING REVOLUTION 你为什么不是学霸

本章小结

- 教育资源分布不均是客观存在的，名校往往集中了一个地区内的优质教育资源。
- 每个人对老师讲课的接受度是不同的，接受较慢的同学很容易被定性为“差生”。
- “差生”并不一定代表学生“差”，也可能是老师的讲课技巧并不如想象的那样高明。
- 互联网促成了教育资源的平衡，网络上也诞生了许多优秀教师。
- 互联网资源物美价廉，利用互联网进行学习是一件值得尝试的事。

05号学霸：陶然

毕业于天津市耀华中学
清华大学建筑学院

猿辅导：“为什么会想到报建筑呢？”

陶　然：“学建筑是之前是计划好的，高三。看了一些入门的书。高二业余时间多。高二没有太大的压力。和现在专业了解得有落差，和我想象中的不一样。之前看过清华的培养方案，有什么课。高考完的假期，看了看入门的。而且因为分数考了704分，也报了一个比较符合这个分数的。

“其实我只是对物理的某些方面感兴趣，比如电磁学。所以想学偏艺术方面的，小时候就喜欢，想当服装设计师。在高二时开始，看清华的招生简章。对技术类的不感兴趣，法学之类的也是。所以高二上学期分科时开始思考这个。除此之外，对社科类的感兴趣，对地理和历史，但是政治就感觉比较枯燥。”

猿辅导：“高考成绩出来以后，对你的生活有没有什么影响？”

陶　然：“因为考了天津第三，所以有人要买我的笔记。但是我觉得不合适，笔记是因人而异的。我也给学生做讲座。父母很高兴，有想过考到清北，但没想到考这么高。”

猿辅导：“平时成绩就一直这么好吗？”

陶　然：“也有起伏吧。高三的第一次摸底，考了年级第一。然后第十，后来考了32名。因为可能有点放松。然后找老师谈，找问题。后来再考就到前十了。主要是通过分析试卷，看看自己哪里有问题。化学失误多，因为有实验题，答得不好，错了很多选择，而且都是因为粗心错误，是意外。后来好多科没考好，心态比较差，会因为一次考差就一直想。后来就调整心态，之后就好了。”

猿辅导：“高考前你的状态好吗？”

陶　然：“高考前两个礼拜一考，考试时一点都不紧张。在高考时，状态比较好。有顾虑过万一考得不好，但是在考场时就不想了，而且之前也考砸过，就不想了。”

猿辅导：“除了心态，你有什么具体的考试方法吗？”

陶　然：“没有，直接做题。会先看一遍，语文先看作文，这样就可以在别的题时，顺带想一下怎么写。而且我做题挺快的，考完语文一般还剩不到一小时，数学剩半小时，英语剩一小时，理综会剩四十五分钟。”

猿辅导：“你觉得高考公平吗？”

陶　然：“不公平，一次考试就会决定去那里上大学，很多学习很好的同学会失去机会。

“而且竞赛成绩比较畸形，成为了应试手段，周围很多人都不喜欢。老师建议看是不是有兴趣，没兴趣就算了。一个例子：我们某一个普通班平时考试前五十，他们能占二十个人，但是高考时，没有一个人裸分上清北。感觉很诧异。可能是因为今年考试有变化，我们实验班会更富于变化的应对，他们更应试。他们中规中矩。我们不拘泥于高考。高三有时候吧，会抱怨，教育体制挺折磨学生的，机械的，压制人的想象力。中规中矩的方法做题，即使其他的做对了，也不可以。”

陶然一直以来都保持着自主学习的习惯。她有自己的错题本，一般写的知识点，有时为了节省时间，直接写页码。因为知识点比题更关键。除此之外还有积累本，看到某个知识点，自己记不住或者比较好就会记下来。

“大概高一开始做错题本和积累本，高三用得更多。”陶然说，“平时基本是自己学习。而且高三时，语文和数学老师都不讲课，上来就发卷子。我们实验班老师是这样。有题不会做会去问老师。老师偶尔讲一些解题的技巧，大部分时间其实是自己在做的。我们是五年制，初中两年，高中三年。不用统考。天津市今年之后不会再办了，因为为了教育公平。老师也不太管，提倡自己学习。”

猿辅导：“你觉得你的优势科目是什么呢？”

陶　然：“最好的是英语，从3岁到15岁，一直在英孚学英语，所以在高中基本没学过英语。老师布置的题，老师说可以不做，但我还是会写。高三比较忙，就筛选性地选择做。加强巩固。高考英语145分，因为一卷选择题错了。自己也比较喜欢数学，参加了丘成桐中学数学奖，和同学一起写了论文，研究代数。拿到了全球总决赛铜奖，当时给了40分加分，可能去数学系。但是数学是一种工具，不想单纯学。”

猿辅导：“高考别的科目怎么样呢？”

陶　然：“从高考看，语文大阅读错的多。答散文不知道怎么答，有的概念不好理解。如果题有情节的话，比较好答，散文有时有点抽象。作文看看素材，考试时会用到。平时看书看累了，看看素材类的书。

“考前挺担心理综的，但理综考得比语文还好。比较担心选择题，今年题开始改革，考得比较奇怪，内容和题型都有改变，考完语文就有担心。”

猿辅导：“有没有比较弱势的科目呢？怎么补上来的？”

陶　然：“初中第二年的时候，当时物理 60 多分，就找老师问，后来就开窍了，当时物理期末就考了全年级第一。”

猿辅导：“你们学校的实验班和普通班有什么不一样吗？”

陶　然：“每年级有三个实验班，二十七八个人。今年考上清北的有十八个，实验班一百多人占了九个。而且打竞赛的基本都在实验班，其他班的专注高考。”

猿辅导：“看来你们压力挺小的，因为考得好啊。”

陶　然：“也不是，高三第二学期，要考试了，在后边的同学会冲上来，很有压力。高考也会有压力，但是想对得起自己，也对得起父母。”

猿辅导：“那你怎么给自己排解呢？”

陶　然：“就周末看综艺，浙江卫视的综艺看遍了。周六周日晚，都会看。而且父母希望别有太大压力。我也会和家长聊学习的事，最多的是聊专业，有时看看排名啊。”

陶然最佩服的是班上的一个女生，高考680，还考上美国的大学，竞赛也进了省队，数学竞赛拿了全国三等奖。三者都能兼顾，因为她妈妈希望她这样。如果她更专注，其实在某方面能做得更好，甚至可以说非常好。但是特别内向，基本不说话。

猿辅导：“爸妈对你的学习是一种什么态度呢？”

陶　然：“父母小时候特别重视我的学习。四年级就开始不管我了。有时会问问，大部分不管我的学习。对我很放心。有压力会帮我调节。他们平时也忙。妈妈是护士长，爸爸是医生。大部分是自己来安排时间。而且小时候学习没有什么压力，一直学习很好。”

猿辅导：“可能爸妈对你放心吧。你和爸妈的关系怎么样呢？”

陶　然：“妈妈勤奋，爸爸对我支持，让我想做就去做。爸爸喜欢运动，高尔夫。妈妈喜欢下象棋。在他们眼里我固执，决定一件事，轻易不会改。平时什么都会聊。思想比较开明，不会和家人闹别扭。”

猿辅导：“那高中有好朋友吗？”

陶　然：“有。同桌一个在清华，一个在浙大。会聊很多。平时主要聊学习、专业、未来做什么。高一高二聊得比较广泛，因为高一高二有社团、选修课。每学期都有魔方、微积分、象棋、诺贝尔奖史这些。兴趣课一般都是玩，每周一次。”

猿辅导：“平时都有些什么兴趣爱好呢？比如书啊，音乐啊……”

陶　然：“我比较喜欢《时间的形状》，作者是中国的一个资深学物理的爱好者。讲相对论比较浅显，我们老师推荐的。

“听音乐的话。不喜欢老歌，喜欢薛之谦、邓紫棋、周杰伦、林俊杰。尤其是薛之谦，他走的路比较辛苦，对自己是个很大的鼓励，因为他十多年才成名。有时自己辛苦，便会想想他们。对自己心理建设还比较强。”

陶然还说自己比较喜欢的作家是狄更斯。依据童年经历，写得很现实。不擅长用文字，不像当作家。高考作文比较套路，机械。

猿辅导：“那你有没有什么偶像呢？”

陶　然：“偶像的话，最崇拜的人是施一公，清华生物系的教授，《新闻联播》挺多报道。施一公是美国的科学院院士，美国普林斯顿想留他，但是还是回来了。平时不单是教授，也是学校的副校长。我佩服这种类似有超能力似的，什么都做得很好的人。”

“今天如果不走，明天就只能奔跑。努力只为不让以后的自己后悔。”这是陶然最喜欢的几句话，她也在自己选择的路上，努力地行走着。

06号学霸：孙凝翔

毕业于贵阳一中
北京大学元培学院

在孙凝翔的个人博客上，他这样介绍自己：“一个不够深刻的青年。莫名其妙的写作者。”热爱写作，坚持创作小说，并不刻意迎合读者。用他的话说是“接近于纯文学的，夹杂着自己创作表达的欲望和发泄的欲望”。写小说这么多年来，他发表在杂志上的大概有3篇，也吸引来了一批读者。

猿辅导：“你高中三年都在写小说吗？”

孙凝翔：“其实直到高三最后的六个月才投入学习，这个事情是因为狭义地复习高考，不是说每个人都只需要六个月。虽然之前自己写小说看起来和高考无关，但是总是有联系的，因此自己做的所有事和高考总是有关的。”

猿辅导：“你怎么看待学习呢？”

孙凝翔：“课堂的学习和高中知识的学习，不能评判这二者本身的意义大小，但是对于这个年龄段来说它们的意义很小，因为为了标准化考试重复无意义的事，需要占去大量时间。这个意义上的学习，对自己高三后半期影响比较大，还是觉得之前过得很舒坦。”

猿辅导：“为什么会觉得之前过得很舒坦呢？”

孙凝翔：“我上课很少听课，一直到高三，因为觉得上课听的东西意义不大。但是这是自己本身不适应划知识版块造成的，不适合其他人。如果考试有什么需求，可以定制自己的学习方案来适应，如果没有需求，就没必要定制学习方案。”

孙凝翔说，自己也使用过时间管理，但是效果不好，因此自己的方法不值得借鉴。而且在记忆上，自己对所有的东西都不太记得住，比如电话号码和一些人名和地址。“从心理学上来说，进行超载记忆越多记忆力会越来越好，所以默认自己记忆力不好，因为自己不愿意花时间记，把时间留给其他东西。比如有很多看久了不愿意看的东西和根本不愿意看的，就没必要记。”

猿辅导：“听你这么一说，似乎你是属于平时很少花费时间在常规学习上的，应该是有很强的考试能力。那你有什么特殊的做题技巧吗？或者说怎么找考试的重点？”

孙凝翔：“在解题方法上和重点难点上，一开始也没有。不过，从高三后期的十二月份开始，我开始给同学讲题。因为自己是课代表，会自己上课，需要进行准备。但是自己意识不到难点和重点，需要去教育部网站查询某些题目的正确率和选择率，才能判定这个版块是不是很难。但是对自己而言，并没有太多这方面的需求。”

猿辅导：“那你对成绩应该不怎么 care 吧？”

孙凝翔：“也不是说自己从不介意成绩，但是介意的程度不高，或者说自己调节能力很强。”

猿辅导：“高考压力大还是小呢？”

孙凝翔：“高考也有压力吧，但是不会那么大，需要找到一个东西说服自己，最终是要知道自己想成为怎样的人，去哪个学校的帮助不会有想象那么大。除非你很明确学校能在哪里帮到自己，比如在北大好好学四年和人大好好学四年的结果会有不同。”

猿辅导：“你还是很看重学校的。”

孙凝翔：“我本身有点无政府主义，不太愿意用群体化的、概念的‘学校怎么样’，而是因为自己喜欢这个学校的表现出状态。对学校的唯一了解，是看过一些老师的书。”

猿辅导：“你看过北大哪些老师的书呢？”

孙凝翔：“北大的话，进来之前看过李猛和李康翻译的书，但是看清华的更多，他们的人文不好，因为不带本科生。”

猿辅导：“嗯，那你进来以后，有什么感受呢？”

孙凝翔：“因为自己很少能接受条条框框框的束缚，希望能做自己想做的，至少不能做自己不想做的。现在北大给自己的感觉是很自由。有时候想做不想做会牵涉到道德，如果只是喜欢不喜欢，自己脾气比较能忍，只是会不舒服而已。”

猿辅导：“虽然高考压力不大，但是促使你选择考北大的动力是什么呢？”

孙凝翔：“如果不介意成绩，那么压力就来自于自己的追求，比如在北大学习和在人大学习的差距，有些瞬间会告诉自己差距很大。只能在二者之中选择一个，让自己去接受。高一开玩笑说考贵州大学，方便生活。当时的心里肯定是接受不了的，只是从小到现在不知道该把自己放到哪里，因为总有很多没遇到过的人和事，让自己不知道将自己放在纵轴的哪里，在哪里会被拉低，会认为没遇到的人和事会在自己的上方。简单说是资源配置的问题，从纵轴从上往下来分配。但是自己不知道自己的位置，就不知道怎么给自己定位。”

对于高考，孙凝翔认为，考试是偶然，每个人因为偶然多几分少几分。在这种得分中，会得到一种暗示，“我的某些方法是可行的。但是实际上是偶然还是必然的，只是自己不会知道。更多来说，是在确认自己的部分方法是正确的”。

猿辅导：“感觉你挺独特。那你在备考的那几个月遇到过什么问题吗？”

孙凝翔：“在规范化考试阶段，自己的问题是——既然自己都决定牺牲这些时间，肯定希望尽量用这些时间换回等价的东西。但是自己始终不愿承认浪费了时间在备考上，需要自己的一些暗示，比如规范化的考试也可以用不规范的方法应对，实际上都是一种自我暗示。到后来需要把这些意义忽略，自己唯一得到的就是六个月时间白忙活，做非常无聊的事，实际上自己可以做更多有意义的事。”

毕业后，有很多学弟学妹不停地向孙凝翔请教学习方法，但孙凝翔说，实际上自己都不清楚，比如早上起来读英语还是吃早饭，都是需要摸索的。“自己的作息规律是指大致在某个范围内，到了高三后三个月，有两个月没有精力做别的事，会很疲惫，只能做自己不需要太多费精力的事。到了那个时期，会看小说，但是心烦意乱，耗费了太多精力在没意义的事情上。实际上自己不是忙，而是太闲，只能对信息进行低级加工，比如看漫画打发时间，没办法选择更高级或更喜欢的方式。南北方冬夏季昼夜长短不同，不能以自己的时间安排来作为别人的作息标准。”

07号学霸：林绍

毕业于罗定市廷锴纪念中学
华南理工大学化学类（创新班）

喜欢做实验，自己钻研的林绍如愿以偿地进入了自己想学的化学专业学习。这个爱动手的男生趁着父母不在家自己尝试做实验。“我煤气灶火焰代替酒精灯，那是第一次做实验，所以比较惊讶。比如真空排水集气，一般用集气瓶，但是我用买酒精的那个瓶子来做。所以用原理相同的一些东西来做。”他的一个朋友曾经在自制氯气，漏气了，差点中毒，因为开窗快、戴口罩所以脱险。

猿辅导：“高考成绩你还满意吗？”

林　绍：“实际上，高考成绩是低于预期的。我本来预计会考到南开和南京大学，它们的化学专业都非常好。而且高考前一次考得不太好，就有点紧张，感觉考不上了自己的目标。后来考得不好，报志愿报得也很差。天津大学的化工是全国第一，我看大学不考虑综合实力和地域。广东很多都挤在中山之类的当地大学。”

猿辅导：“为什么会低于预期呢？”

林　绍：“今年高考我们是第一次考全国卷，以前都是广东卷。做数学时，很早就做完了题，但是有些答案简单的计算没做。于是去做那些难题，做压轴题，想的又很复杂，结果耽误了时间，考砸了。理综考了二百三十多分。”

猿辅导：“所以试卷变了影响还挺大的。”

林　绍：“是啊，高一高二还是广东卷，还比较容易，所以目标都是清华北大。高三通知换成全国卷，就只能是一个学期强化训练，就比较差。而且高一高二刷题不多，也是自己看书。其实我高一就意识到了高考的重要性，所以高中三年很刻苦。身边有位勤奋的女同学，一是我的榜样，她6：00到教室，课间她会继续读英语单词。”

猿辅导：“那你之前呢？”

林　绍：“初中学习不好，看小说。高一发现，看小说是比较空的东西，所以开始学习。算是逆袭了。”

猿辅导：“所以你从高一一下就起来了。”

林　绍：“算是吧，初中看小说被人看轻可能。高一上学期的期末，考了年级第二。那个我最佩服的女同学当时就是年级第一，现在去了中科大。她对我是个鞭策，我是很受她的拼劲影响的。她不会在乎别人的眼光，而我自己经常学习上不合群嘛，有时会在乎有同学评价我。”

因为知识比较基础，林绍在上高一的初三暑假将高一化学的书看完了，紧紧跟着老师节奏走，有问题追着去老师问。走路、上学、放学，都是在思考问题。他觉得高一数学比较简单，课后看看也好，但是化学生物有的小知识也会不知道。随后在老师的鼓励下，林绍进行了突击，去参加了学科竞赛。

猿辅导：“你对化学的热爱体现在什么地方呢？”

林　绍：“对生物、化学的兴趣起始于小时候在郊区学习，就喜欢捉虫子玩，但那时候不知道看书来研究。而且我比较喜欢钻研。比如自制化学实验器材，按化学原理：有时不相信老师的解法，喜欢自己来找自己的答案。一次给老师说一道题的解法问‘这样行不行’，化学课代表说不可以，老师说不可以。我自己后来回去又做发现是我对了。物理题其实也是，有时我觉得不是这样子，就去问老师，和老师反驳下说题目错了。但他说不是，后来他自己也查，最后也发现我对了。”

猿辅导：“你的学习方法是什么呢？”

林　绍：“方法的话主要是学习结构，是一个长期的需要，在工作上也是。我会找各理论之间的联系，会发现很多知识间的联系。有时不能仅仅看高中课本，一个月就可以把理化生的看一遍，但是解题是平时练出来的结果。我不喜欢老刷题，只是为提高速度才刷。”

猿辅导：“对于考试，你有什么可以分享的吗？”

林　绍：“要保持镇定，即使内心很紧张，也要轻松点。遇到难题，先定定神，仔细想想。”

猿辅导：“你觉得天赋和勤奋对高考有什么影响吗？”

林　绍：“以正常人的天赋，其实好好努力考个重点是没什么问题。高考也考的更多是心态。”

对于勤奋和天赋的问题，林绍还说，自己在化学和生物上有一定天赋，但是勤奋很重要，天赋也是有在基础知识的前提上才发挥作用。“比如你即便发现了很多漏洞，但是没有基础知识时，最后就会发现其实很多漏洞前人都已经填补了、解答了。我自己因为刷了很多竞赛题，但是看得书太少，没很多人指导。比如提出一些以为周围没人提出的问题，查了下，其实是早被解决了的问题。发现那样的问题会郁闷和一点惊喜。”

林绍非常崇拜扎克伯格。喜欢他的那种尝试和创新。“因为凡是有不断创新探索的这类我都比较喜欢。”

“我喜欢法国生物学家拉马克的名言，生活上如果活得不好，就回去追求学术的成就。这就是我自己吧。如果就觉得这样死了，在这个世界上不能留下什么。只有学术理论是留在这个世界上的东西。”林绍说，“人生要靠自己更多，以前不太回想什么。想到以后还是会自己一个人过，比较有独立意识了，要一个人过要有能力，就要去追求。初三升高中，也是比较发奋一点了。”没有思想上的一番挣扎，也不会有新的体验。

林绍相信，科学不能证伪的东西就可能会存在。“因为有的现在使用的理论，以后可能也会抛弃。所谓的真理是对应每个时代、每个时段的，可能真没有什么时代。对达尔文等我也不会去很畏惧、仰望，而是平视的，只是对人格学术敬仰，也没有奉为圭臬。”

猿辅导：“你能举个不能证伪的例子吗？”

林　绍：“中国古代很多东西无法证伪，比如风水。现在常说的黑洞、暗物质、虫洞、时空隧道，理论上讲得通，但现实无法证伪。这些东西就是有可能存在的。”

08号学霸：董小双

毕业于化州一中
湖南大学金融专业

董小双有个双胞胎哥哥，叫“董大双”。董小双的家在广州茂名的城镇里，他和父母的关系很好，父母都是老师。父母的教导对他来说很重要：“当你学习的时候，一定要专心，一旦一件事被分了心，就什么也做不好了。”

大双小双兄弟俩人都在茂名的一所高中就读，高中的时候哥哥选了文科，董小双选了理科，高三时期却毅然转文。

猿辅导：“为什么最开始会选择理科？”

董小双：“因为我喜欢电子科技和IT，想要成为一个很酷的GEEK。平时就会研究DIY电脑，组机装机，有时候还会帮同学推荐硬件之类的。高考结束这两天，我是最忙的，都是同学们问我，买什么手机好、什么电脑好。”

猿辅导：“那为什么又选择了转文？特别是高三比较关键。”

董小双：“高二下学期的时候，我理科成绩下降得比较快，尤其是物理。我初中物理就不太好，再加上班主任还是物理老师，学得有些吃力。其实高二下学期大双就建议过转向文科学习。”

当小双和班主任婉转地表达了自己的想法后，学校老师和校领导也是由为震惊，为了此事前后商讨多回，最终同意了董小双的申请。

董小双：“老师们看在我雄心壮志的态度上，再加上自己的成绩还可以，于是就同意了我转科的想法。我转去读文的最后一天，闹得沸沸扬扬的，全年级，连下几届的学弟学妹都知道了。我都挺惊讶的，没想到这么多人知道了，走在路上都会被认出来。不过问了原因才知道原来是他们老师告诉他们，选科要认真考虑。”

小双转去文科过去之后，第一次月考竟考进全年级前六。而文科的同学们则坦言董小双其实更适合学文，应该早点来文科班。

小双还总结了一套应试方法，想分享给学弟学妹们：“每个科目有自己的应试技巧，但是都有一个共性，我觉得是时间分配，文综比较典型，因为它有三科，所以在做的时候会讲究方法，我的经验是，先是用前1个小时做前面35道选择题，如果跳着做，就会在翻阅试卷和答题卡的时候浪费很多时间，题目都是连着的，按顺序做完选择题再做大题，主观题做的时候也是有方法的，我一般都是看我的强项在哪里，先把自己可以拿到分的做完，没有把握的话，先不要做它，可以留到最后再写，文科不存在留空白卷的情况，所以在之后补充上知识点也是没有问题的。”

谁也没想到，在高三关键时期，董小双会因为生病住院两个月。在生病期间，小双第一次感觉到人的生命是宝贵而脆弱、身体健康真的很重要这些道理。对于一个刚刚大病初愈的人来说，想快速赶上学校的进度，会有些力不从心。平时就关注互联网的小双把目光投向了猿辅导、小猿搜题以及猿题库，因为自己的数学相对薄弱，董小双便从学数学开始了自己的在线学习。

董小双：“我做题碰到解释不详细或者不会的题时，会用小猿搜题搜出题后，选择题把解释中看不懂的地方记下来，解答题就看看答案，在看懂之后自己总结出来。但像是政治、历史、地理这种文科专业在遇到问题的时候，我把问题攒到放学后，再用百度查，文科和理科不同的是，文科的概念很多，在查的问题的时候多是查些课本上没有的政治概念，经济术语之类的，看完后再挑出课本上不会涉及到的句子积累到笔记本上。”

董小双：“我到下半学期，学习才慢慢赶上来，在线学习这种方式真的帮了我很多。暑假的时候，我会上专题课，老师会根据一道题讲很多种解题方法，同时又有同类的解题思想，他会把听到的与课本上不同的解法全部记下来。我会选定一个老师，跟他学了几节课之后，觉得还不错的话我会一直跟他学下去。”

互联网金融也是董小双的兴趣之一，他认为是依据后现代的互联网技术和金融业的结合，是一种服务形态。董小双在今年 8 月份时开了一个公众号，经常会推送金融时事，手机电脑之类的文章。

董小双：“我也众筹过，在京东试过众筹一台平衡车，只是最后这个项目没有抽中我。我其实也是抱着好玩的心态参加的，结果并不重要。我也尝试着把平时带在身上的零花钱存到余额宝里，因为余额宝的利率比传统存钱的方式相对高些，等积攒到一定量之后，就会把一部分都放在里面了。”

猿辅导：“你有什么座右铭之类的吗？”

董小双：“Always believe something wonderful is about to happen! 这句话是小米手机的宣传语，我永远相信美好的事情即将发生！”

猿辅导：“那对未来有什么打算呢？”

董小双：“考研考上理想的学校，然后拿下 CFA 证书。毕业之后嘛，应该可能会从事跟金融有关的工作吧。”

董小双因为喜欢上了两个北大作者苑子文、苑子豪，在看过两个人写的自传之后，自己也萌生出了写本书的想法，把自己的经历写出来，书中的内容包括学习，身边重要的事与人。小双最希望的是将书稿装订成册，赠给身边的亲朋好友，老师同学。他说：“出不出版没关系，我想把自己的成长轨迹以文字的形式记录下来。”

他在给自己的话里这样写道：“纵然时光老人会在深夜‘好心’地帮我整理着256M的大脑内存碎片，留下的都是不完整的记忆。加思斯坦说过，等到达彼岸，至少我们知道曾并肩走过。对，我们会到达彼岸，但我们不会忘记，那些我们一起走过的日子。也许，全世界的我们都这样长大，心中都会有着迷茫、不安，行动也在徘徊，但我们要相信，只要我们不是往回跑，尽管前进的步伐缓慢，也终会抵达终点。”

PART3
谁说学习总是孤军奋战

上一个年代的人习惯于把学习描述成一场一个人绝望的战役，强调“学习总是自己的事”。但新一代的学霸并不满足一个人孤独地学习，他们发现，互联网上的交流和互动是提升学习效率的利器。

PART3

谁说学习总是孤军奋战

在互联网刚登陆中国的时候，聊天室可能是最火的功能之一。它就像一个存在于网络世界里的咖啡馆、沙龙或者是餐会。

神奇的是，人们只要聚集在一起，就会产生奇妙的“化学反应”。

根据德国哲学家、社会学家哈贝马斯的描述，随着欧洲市民社会的发展，18 世纪的西方出现了大量供市民聚会的场所，比较典型的是 18 世纪伦敦和英国地方城市中的咖啡馆、法国的沙龙以及德国的餐会。这些场所为讨论社会、政治、文学和知识问题提供了帮助。

在 21 世纪的今天，互联网的出现提供了大范围的“咖啡馆”。

人们聚集在网上，不仅分享消息、知识，也分享见解和情绪。身处不同时空的人们能够在短时间内交流大量的信息。遇到问题时，在百度一搜，可能得到很多结果；在贴吧发帖，会有很多人来跟帖；去知乎提问，可以得到比较专业的回答。

· 互动：爱直播，爱弹幕

如果你问中学生 B 站（bilibili，哔哩哔哩弹幕视频网）不同于其他视频网站最本质的功能是什么，他们会告诉你：“是弹幕。”

弹幕，是一些视频观看者的评论，但不同于普通评论功能的是，弹幕会以字幕的形式出现在视频上，并且会飘过屏幕。

弹幕网站是个外来产品，这种视频网站起源于日本的NicoNico。而 B 站的兴起是靠着弹幕功能和青年人喜欢的二次元

视频上方被凌乱的弹幕覆盖，越浓密的弹幕表示这个视频越受欢迎

内容的结合，比如会在动画原作、同人、MAD、恶搞等作品上出现的大量弹幕，就像不同的观看者在基于这部视频聊天一样。

Acfun 和 Bilibili 这样的弹幕视频网站，对于观看者来说，不仅仅是为了单纯地看视频，更重要的是基于匿名和自由的交流。这种交流让观看者觉得，他 / 她不是一个人在观看视频，他和正在观看的、曾经观看的人，都可以针对这个视频进行交流。

因此，B 站聚集的不仅仅是视频内容，还包括了对于同一个内容的纷繁复杂的观点评论，这也是吸引后来的视频观看者的重要原因——他们喜欢互动和交流。

和 B 站现象相似的是，2015、2016 年网络直播行业的火爆。斗鱼、YY、映客等直播 APP 的火爆。主播在手机 / 电脑的一端，而观众在另一端，主播和观众、观众和观众之间进行实时的交流和互动。雪花一样的评论、点赞满屏幕飘舞，跟视频网站的弹幕很相似。

互联网时代，人们享受的是参与感和存在感。重要的是在互动的过程中，每个人都得到了“自我存在感”的确认。

互联网时代的中学生，在课堂上、在教学过程中也需要参与感和存在感，网络直播课堂因此出现，中学课程的教学也将进入在线直播时代。

直播和录播的区别在于，直播不光是内容的呈现，还有“共处一个空间”的现场感，只有同时在一个现场，才能产生互动。

弋璐通：“录播课和在线直播课对自己来说，差别还是比较大的。自己一般是看完直播再看离线，直播课做笔记很难跟上速度，所以下来会再听，重点总结笔记，一堂课至少要听两遍。最后一个月的时候，看得很严，被迫回到了学校，只能看录播。自己很喜欢直播课的参与感，老师开不开摄像头是无所谓的。”

直播课上，教师控制课程走向，但教师不能控制一切，直播和录播的另一大不同就在于现场的未知感。观看者并不知道下一秒会发生什么，期待感让他们继续看下去。

就像看足球比赛一样，人们总是不喜欢看录播，而希望看到现场直播。我们都希望带着未知感和好奇心经历这一场比赛。

不可否认的是，直到现在中国教育模式的主流仍然是老师在讲台上讲解知识，学生在座位上听课学习知识。这种学校的一言堂式教育方式确实培养了几代人才，但这未必是适应当代学生的最佳方式。

在直播的课堂上，老师说“听懂了的在屏幕上扣1，没听懂的扣0”，于是右侧的评论区如浪潮般涌现起伏不断的“111111111”。一次简单的师生交流就在输入0或者1发送出去的过程中完成了。

对于老师来说，直播课堂是更费心力的。首先因为网络授课需要保持高密度的知识输出，备课量是线下的150%左右；其次是需要实时地保持和学生的互动，关注到评论区学生的疑问、赞美、抱怨等。

每个学生的学习能力参差不齐，参与课堂的程度也参差不齐，线下学校由老师主导的单向输入式课堂，并不能保证学生集中精力，他们很多时候神游起来，注意力并不那么集中。

怎样集中学生的注意力呢？让学生对教学的内容产生反馈，让学生和老师产生交流。事实证明，看直播课的效果会比看录播课的回放效果更好，因为有真人互动，知道自己被老师关注的学生，就会更加集中注意力在课堂的内容上。

在学生眼里，老师更像是亲近的明星和偶像，他们听老师的课程，就像是追明星的直播一样。在和老师的交流过程中，学生得到的不光是知识，还有一种亲密的感觉。“我们是一伙儿的”，这种亲近的信任感无疑对于学生的成长有巨大的帮助。

学生会在 QQ 群聊天中使用自行制作的老师直播课程中的表情包

· 分享：独做题，不如众做题

在美国硅谷聚集着一群黑客。所谓的“黑客”，并不是我们现在理解的恶意攻击和入侵别人电脑的人，它最初的含义是热心于计算机技术、水平高超的电脑专家，尤其是程序设计人员。

他们所信奉的互联网精神的准则，就是自由和开放。

Linux 的存在就是一种典型的硅谷精神的象征。Linux 是一种自由和开放源代码的操作系统。该操作系统的内核由林纳斯 · 托瓦兹在 1991 年 10 月 5 日首次发布，再加上用户空间的应用程序之后，成为 Linux 操作系统。只要遵循 GNU 通用公共许可证，任何个人和机构都可以自由地使用 Linux 的所有底层源代码，也可以自由地修改和再发布。

与我们习惯的 Windows 系统不同，Linux 是自由软件和开放源代码软件发展中最著名的例子：开源，意味着允许用户变成生产者，在遵守共同约定下的创造自由、使用自由和修改自由。

同理，著名的网络百科全书——维基百科，就是在世界各国网友们的闲暇时间里搭建起来的，没有人支付他们报酬，也不是一个法定的义务，但就是会有不同的人在世界各地无偿又认真地共同完成一项成就——这就是互联网共享和共建的力量。

哈佛大学的教授尤查·本科勒在他的《网络财富》（The Wealth of Networks）中，把这种互联网的力量称为“共同对等生产”（Commons-Based Peer Production）。这种产出既不是通过国家组织起来，也不是通过市场的经济手段，而是通过互联网的合作达成。

有一个经典的比喻，过去的各种组织，比如公司、学校，都更像是大教堂，井然有序，层级分明。而互联网时代的组织方式就像是一个集市，看起来热热闹闹，甚至有些凌乱，但实际是乱中有序地蓬勃发展着。

互联网让人们之间的关系不再是垂直的上下级关系，而是人和人之间扁平的协作和连接。

在中国，互联网时代长大的一代人，对于分享的理解显然有别于上一代人，开放、分享、自由对他们来说并非是一种选择，而是必然。

在互联网上，我们可以找到大量的免费信息资源，包括视频、音频、文字和图片。

这对于求知若渴的古人来说，是难以想象的事情。在古代，只有有财富的家族，才能拥有大量书籍和资料。

共享互联网时代的人们为什么愿意分享呢？难道没有互联网的时候，人会更加自私吗？

并不是因为互联网提升了人们的道德感，而是互联网让分享变成了一件几乎没有成本的事情。

因为分享信息资源的过程中，资源本身不会有损耗。因为信息存放在一个公共平台上，有需要的人都可以获取。天长日久，积累的信息就会越来越多。

我有一个苹果，分享给你，你吃一口，我就少一口。

但是我有一个消息，分享给你，你了解了消息，我所掌握的信息却不会减少。

信息无限，从中大海捞针地寻找重要信息是非常艰巨的任务。但假如有人分享信息，则会大大不同。一人筛选，多人受益。

人际间的分享成为了降低搜寻信息的成本的重要途径。

董小双："错题本拿数学举例，我有三本半，一本是纯知识点，两本半是错题，选择题填空题归为一类，这里面也会分考点，解答题我会按全国一卷的前三道题和其他题的分开。错题本需要每周看，还可以和其他同学交流，看看别人的错题。我和班上是一个同学被组成一个小组，连座位也被安排到了一起，平时我们经常会一起交流学习经验。"

同学们在一起互相交流错题，并不会减少自己对知识的掌握，还能更多地掌握别的同学容易出错的知识点。

李金格："用猿题库我们班是从我开始的，我用的时候身边有的同学会看到。我们学校我感觉也是起了一些作用的。我刚开始用的时候，锦州中学就没有多少人用这个东西。等我上到高三之后，高三太忙了，没有太多时间用猿题库，我就发现我们学校欣欣向荣，我有个学妹特别喜欢这个东西，她都刷过学霸榜晋级，每天能做四五百道题，长江后浪推前浪。我现在有的科国家能排几十名省里能排十几名呢，那时候都是省前五省前十的刷题量。

“班上同学还算淳朴吧，我们周边的人也是关系很好吧。其实是互帮互助的事情，每个人都会有自己长处，都互相讲一讲，互相坦诚互相都受益。你们两个把握方向，有的人真的押题超准：都错了，能一起思考思考。都是很有意思的事情。我觉得一定是多赢，都不是双赢的问题。每个人藏在心里不交流的话，更不好。比如你觉得 A 会考，他觉得这次 B 会考，如果两个人交流一下，可能会觉得这次会考 C。这就很好，有一个思想的碰撞。我觉得互相都坦诚一点，大家都实在一点，都受益。我是不喜欢，当然也有很多人愿意藏着一点，有时你觉得听到的信息比较低效率，没有什么用，也可以理解吧，但是最终来看，自己走完高考再来反思这些事情，那些比较保守的学生考得也不太好。因为你不跟同学交流，也不知道别人在想什么，你也可能错过很多信息。你不能闭门造车啊。”

·协同：组队学习通关

除了分享，上网学习也需要团队合作。

我们可以用网络游戏中的组队来理解这样的团队合作。

在网络游戏中，由队长创建队伍，邀请其他人员加入的过程，叫组队。你可以邀请人一起解锁剧情，一起打怪，或者一起刷副本。在队伍中，一个人的行为能够让其他成员都享受奖励。为了增加游戏的互动性，游戏公司一般会鼓励玩家组队，并通过经验加成，道具掉落等方式对组队的玩家进行奖励。

可见，对于游戏玩家而言，组队带来的好处是非常可观的。不仅能收获可靠的队友，还能更轻松地获得奖励加成。

实际上，上网学习就像打游戏也是这样一个组队的过程。不同的科目就像不同的剧情，科目下面的具体知识板块则是副本。一个人来解锁这些剧情和探索副本，可能需要花费大量时间和精力，如果进行组队，就能减少很多不必要的麻烦。在同一个知识点上，不同的人接受程度不一样。组队学习的好处是，先弄懂知识的人可以用自己的方法来帮助其他人，减少了不必要的时间消耗，便于整个队伍更快地掌握知识点。遇到较难的问题时，也可以合作分别解决这个问题的不同版块。

互联网时代的学习者拥有协同的特质，上网学习就是一个组队合作的过程。

孙凝翔和理想的侦探事务所

如果你还认为中学生只能被动地从老师那里接受知识，那你可能错了。

开放、分享、合作……这些关键词聚合在一起，催发了高中生的潜力。

猿辅导2016年的高考学生孙凝翔在考上北大元培学院之后，忽然想做一件事：一个网络学习小组。

目前这个小组聚合了100多名高三学生，孙凝翔和几名大一新生担任高三学生的指导人。他们不是家庭教师，不会监督学生背书刷题——他们只起到方向上的指引，他们更像球队的教练，指导学生的战术，而具体训练还是学生自己完成。

理想的侦探事务所

> 我们所有人，所有人，所有人
> 都想要拯救
> 我们不朽的灵魂，有些方式
> 显然比别的
> 更加迂回，更加
> 神秘。
>
> ——卡佛

2016 年下半年，教育部出台了关于高考考纲变动的文件，与大部分等待老师、专家解读的高中生不同，孙凝翔试图组织他的“侦探们”自行寻找关于这次考纲变动的“真相”。

这些素未谋面、来自全国各地的高三学生，按科目分工收集资料，再集体汇总。汇总之后进行讨论，在集体结论基础上形成了一份集体的对于新考纲的解读。

共同的目标、分解的任务和明晰的诉求，让学生在合作的过程中感觉到了满满的成就感。

事实证明，个体的潜能有时只是被忽视了而已，但协同合作的过程中可以激发出学生的潜能。

学习、备考从来不是一个人的战斗。单兵作战、独自提高时代已经过去了。如果说备考是为了最终的竞争，那么合作关系会体现在学习的整个过程中。

同伴们成绩的集体提升，不仅会激发自己的斗志，在讨论问题、总结交流的时候也会感受到效率的提高。

同时，人类本身就是社会性动物，在参与分享和共建的过程中，会得到归属感和满足感，找到学习的同路人的感觉，本身就是温暖的。

如果你还在一个人埋头苦学，不如赶紧找个组织吧。

小贴士：协同工作的 APP 推荐

【石墨】：文档协作，多人在线同时编辑

孙凝翔和他天南地北的学习小组成员，就使用石墨来进行在线协作。石墨是一款轻便、简洁的在线文件编辑软件。它支持包括 APP、网页和微信端在内的多个编辑平台。同时，它最大的特色在于能够满足多人同时编辑的要求。

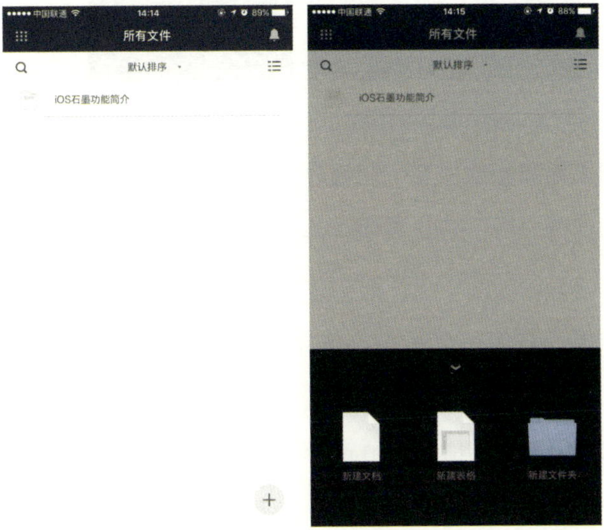

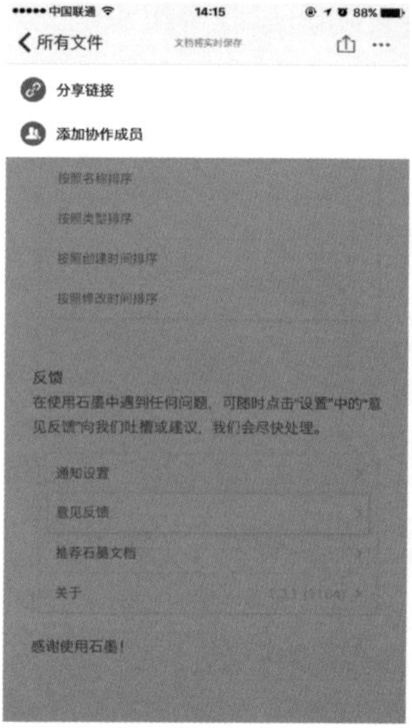

如果你和小伙伴要一起修改文档，可以打开石墨，各自负责相应的部分。为了防止混淆，每个人编辑的段落前会显示各自的头像。

如果你对于文档中由小伙伴编辑的部分有问题，可以划词评论。为了防止记录丢失，所有的编辑内容都会被实时保存在云端，不用因为意外情况而担心。

每个人的编辑记录都会被保存下来，便于查看谁在什么时候对文档进行了怎样的操作。总而言之，石墨是一款比较实用的协同文件编辑软件。

LEARNING REVOLUTION 你为什么不是学霸

本章小结

- 互联网提供了如同咖啡馆一样的公共空间，用于交流信息。
- 在网上，互动不是简单的信息交流，也传递注意力、认同感。
- 分享让互联网信息传递更广泛高效，因为互联网上分享知识和信息不带来耗损。
- 协同合作能激发人在团队环境中的主动性。

09号学霸：李金格

毕业于锦州中学
北京大学社会学系

选择了北京大学社会学系的李金格，是一个哲学爱好者。这个哲学爱好者，曾经却是一个理科生。而高中时从理科转到文科的这段经历，也让她对自己的未来和人生有了更多的思考。

猿辅导："你是从什么时候开始对哲学感兴趣？"

李金格："历史必修三是学文化史，会涉及中国的古典哲学，从孔子到王阳明那些人。政治必修四会涉及哲学。如果想学好教材，一定要涉猎课外的东西，教材给你的不会特别系统。我先入门看了《苏菲的世界》，看了《中国哲学简史》，觉得很有意思。我本来是彻头彻尾的理科生，四大名著都没有看完。"

猿辅导："那你当时为什么转文呢？"

李金格："因为理科班竞争比较激烈。再一个，非常重要的一个正经八百的原因，是初中理化生学得太多，文科一个是不爱听课，一个是课外阅读也比较少，就想在高中接受一下科班的文史哲教育，系统地学一下文科的思想方法，我觉得还是很好的。尤其我想增长一下情商嘛，我觉得一门心思学理科学到头也不是特别好，所以就出来了。再加上文科班老师配置不错，就去了文科班。我理科班的班主任老师很支持我，我这个成绩在理科班最差也是100多名，一般老师都会留，很难让你走；我的老师很开明，她是更年长、阅生无数，觉得我在文科方面有潜力就把我送走了，很感谢。”

猿辅导：“我觉得你想法很成熟，上高中时很多学生对自己要学什么还是很懵懂，而且很多人都比较歧视文科。”

李金格：“对啊，其实我家里有一些理科生，我妈是理科生，我姥爷是工程师，当时家里是两派斗争，我老姨是文科生。因为理科对口专业多，文科就业面不是很广。但大家也都知道我初中就很喜欢数码等，都觉得我转文是疯了一时兴起，也许是，但学到最后我没后悔，很珍惜这个过程。因为我也考虑到个性，学了三年理化生未必能沉心去做科研，当然理科也不全是科研啦。”

猿辅导：“那你觉得学文科给你什么，跟你预期想的差不多吗？”

李金格：“首先就是我初中一看字很多的书就困，到现在也是这样，大家都很奇怪，你为什么能考好。自己看的话吧，文史哲的东西，你记住的事件可能比你这个思维体系更多，那样的话如果你想系统学习的话，你可能得看很多专著。如果有老师带着你，有教材，通过那些题，去塑造一些思维，比如历史方面，用多元史观去看世界，你会在你步入世界之前，对世界有更加感性的认知，认识更加全面。因为毕竟都是在跟人交往，文科涉及的东西跟与人相处更多。政治叫政治，第一本是经济，第二本是中国的政治，第三本文化，第四本是哲学。文化那本干货不多，但是这三本多涉猎一下还是好的。地理是半文半理的，学起来挺调剂心情的，学到一半突然觉得好想去学地质啊，可是我已经回不去了，因为地质是纯理的专业，我还得去学理科，我很烦。但是去北大，北大文理之间可以转专业，如果做得足够好的，比如去做信科啊，也可能真的做地质，因为可以走遍世界各地，总在外边待着，挺好的。”

李金格所在的班级，属于一种放松式管理。班主任不坐班，班里甚至没有他的桌椅板凳。一般来说，自习的时候，班主任坐在班里是正常的。但是李金格的班主任作为年级主任，平时工作非常忙，管理班级的时间本来就少。“他觉得看太紧了互相都不太好，影响孩子学习效率，他愿意在我们不作死的范围内尽量给我们放松。这一点我也很感谢他。平时自习很安静，掉根针都能听见；高考前很乱，掉个人都听不见。因为都会有一些躁动嘛，因为一方面是要毕业，一方面是高考真的是一件很紧张的事情，那个时候玩玩也挺好，要是高考前还是那样安静，自己也比较紧张。”

猿辅导：“平时你们还是很自律的啊。”

李金格：“平时打铃之后不会有老师组织纪律说你们要回班什么的，上操也就是……我们班老师是主任，他会在楼下管学校整体，我们自己下、自己上，每天就这样。我们班还真是挺自成一体，我班老师忙的时候就是上课来、下课走，我们就自己管自己，还可以。男生比较少，只有三个，都还比较安静。”

猿辅导：“那你的高中成绩有起伏吗？”

李金格：“一直在起伏，从未稳定过。”

猿辅导：“那最大的起伏是什么样一个状态？”

李金格：“比如说高中时一模，跟三省三校一起考试。也就是东北众多高中与三所明星高中，包括东北师范大学附中、哈尔滨师范大学附中、辽宁省实验中学一起考同样的试卷，成绩上有个参照。我在班里考了 14 名，30 多人，你知道出榜一瞬间那个心情崩塌，感觉自己几乎是要考不上大学了。说起来夸张但因为我上次期末是班里第 2，这次莫名其妙直接 14，我就好委屈啊，因为我假期也有好好学习啊，至少我是这么觉得的。其实真的会有你恰巧努力了但是没有考好的情况，这都很正常。后来我就适应了，坦然面对现实。”

高三第一次大考，还是这么宏大的三省三校的考试，李金格觉得自己还是有一点紧张。第二个是试卷难度很大，二模、三模都没有那么难。“高三有这种起伏，更能让你心态平和，不然高考更紧张。你想底线都在那里了，咋地都能上个一本！最坏的结局也就那样了，我能上一本！”

猿辅导：“那你当时就是这么想的吗，还是也需要一段时间平复的？”

李金格：“那肯定是需要花一段时间平复。家长啊，老师啊，peer pressure 同龄人压力这种，还是会有的，都是需要调整的。大考之间起伏，谁都会有，大家也是互相安慰、比惨这种的。调整一段时间，二模、三模，经历过这种大挫折会给你反思的机会，比如说这个卷子是我全盘皆输还是我有哪科偏科，为啥我学了还不会，最近学习有哪些可改进的？没有说特别刻意地思考，也还是会想一下，会调整一下后面的学习。时间上会想我还有没有更多的时间可以抓紧，有没有其他可以努力的地方，比如说用猿辅导啊。真的后来有的专题课我都听过两遍，就是比较重要的讲套路的那种课。”

一模之后，李金格的成绩依旧起伏，但是他已经习惯了这样的节奏。班上的同学也将这种起伏视为常态，他也常常进行反思。“有时候是劲儿没使对地方，你觉得你学习时间很多但是效率不高，这个时候就要调整你自己的学习。有时候你认为重点的东西考试没有重点考，你可能是主干东西没有好好记，反而是历史上琐碎的事件记很多，我脑袋又记不住那么多东西，你记一部分就会忘一部分，所以你就要把握主干知识、一定要考的，把它弄明白。”

在家庭关系上，李金格说，自己的家庭关系是属于正常的关系。“不是特别差，也不是那种贼拉腻、特别好，就是比较放松吧。”他觉得，跟家长的关系，只要不撕逼，不影响心情，不影响你日常起居，并不应该成为影响学习的借口。“包括搞对象也是这样，没有影响心情和日常起居的都对学习没有什么影响，甚至还有可能促进学习呢。我觉得学习一定是很灵活的，不要死学，死学一定学不好。”

而且父母对自己学习的管理实际上是很放松的状态。因为父母工作等原因，李金格并没有受到太大的管束。

猿辅导：“所以平时，爸妈都不怎么管你吗？”

李金格：“我妈首先就不是一个特别高压管我的人，比较信任、开明，其次她工作真的很忙没时间。家长给小学生检查作业很正常，但我小学初中她就不检查了，也导致我从小到大就有不爱写作业的坏习惯。我觉得效率第一，作业不是最重要的。”

虽然父母平时对自己学习的管教多是大方向的，但偶尔也会施压，一模时没考好——“超恐怖，险些死亡！主要是，考太差自己也无脸见爹娘，感到害怕。不仅是自己，家里人也会觉得，你假期到底干啥来着，你到底有没有在学啊，每天这样。压力肯定会有，但压力也可以成为一种动力，只要你把它利用好。你自己也会反思反思，真的没有人给你任何压力的话，那种纯放松的也不会学得太好。”

对于自由的学习空间，李金格承认自己有的时候也会栽在上面。但是自己逐渐试错之后会越来越成熟，会形成自己学习的一个体系。

猿辅导:“除了上课之外，你自己有哪些爱好?”

李金格:“玩手机，看新闻，有时一进百度就会被搜索页面跳出来的关键词吸引住，看着看着就不记得自己本来要查啥。还有有道词典，也是个黑洞，很容易被它首页的推荐吸引住。猿题库就好很多，要玩就要切到别的程序才行，不会被分散注意。运动会别人会带吃的坐在那儿待着，我就会坐终点线啊或者到处跑去照相，累成狗。旅游、跟同学玩、吃饭、唱歌之类的，各种娱乐活动。”

猿辅导:“你有特别喜欢的电影吗?”

李金格:“我看电影不太多，以为电影时间比较长，后期比较忙。然后有的时候对这个电影也不太感兴趣，有时候大家就拒绝约我。没有人约自己都懒得看啊，就不怎么看电影。”

除此之外，李金格非常喜欢旅游。这与她上了三个小学有关，因为换了三个地方，总在换新同学，这个对交往能力有个考验。所以她经常初中高中出去旅游，走过一些地方，后来就不愿意跟家长去走，就一个人去走。对她而言，这些都很考验跟人聊天的能力，或者自己去完成一件事情的能力。“而且旅游的时候一定要效率很高，一定要安排好行程。”

猿辅导:“旅行过程中印象最深刻的是什么?”

李金格:“陌生人的帮助吧。比如说我在看车次表，旁边有人跟我说那边有二维码你去扫一下，可以更方便看。在广州时我问路，我是个外地人听不懂广东话，当地人就很耐心地给我用普通话讲。”

她非常喜欢拉萨，那儿又好吃又好玩。“我觉得如果身体好能去的话一定要去一次，我就打算到那边去支教，多苦我都会试一试，文化氛围也很特别。”

虽然有很多爱好，但是李金格说自己不追星，因为还没特殊狂热的，倒是很多优秀的人有可以学习的点。“比如很多名人每天早上起床很早，我高三有时太累了，没有 6:00 起床那个习惯了，住得也近，我就懒一点儿，但也会定点儿起来，6:40 或者 6:50 这种。”

这促使李金格更加严格地要求自己。“我觉得人家每天比我累，为什么人家能 5:00 起来，我就懒成这个德行。真的会给你激励，就会把闹钟点儿提前，早上能早一点起来我就早上就能多看点东西。有一个人在那儿，你就觉得凭什么你做不到，他那么大岁数了，他每天难道想的事情比你少吗?不可能，你就那点学习而已。身边的人也是，博采众长，老师同学这些人，我感觉认识身边一些优秀的人，不管是学习啊，为人处世啊，待人接物这方面都有很多值得学习的东西。身边每一个人都能成为自己的偶像。”她喜欢发掘身边每一个人的优点，然后去学习他们。

10号学霸：王志鑫

毕业于遵义航天高级中学
清华大学法学院

我们见到王志鑫的时候，他已经是清华大学法学院的一名新生。

猿辅导："怎么样，对自己的高考成绩还满意吗？"

王志鑫："为了考上清华，我觉得自己准备了三年，凭自己努力，所以还是很骄傲，毕竟是中国的最高学府。"

猿辅导："爸爸妈妈什么态度呢？"

王志鑫："父母都很骄傲，我不是很骄傲的人，但是很受他们感动。很多人来祝贺，有很多素未谋面的人，我不太知道他们怎么想的。"

在自己看来，王志鑫认为自己是一个非常随意的人，就连沉重的高考在他眼里，也没有太大的压力。

猿辅导："为什么你会觉得自己很随意呢？"

王志鑫："比如吧，高考前一次考试，政治考得很差，我觉得反而好了。因为这就是最差的结果嘛。高考就也没紧张。我比较随缘。我父母给我的压力也很小。觉得我能随便考上一个大学就不错了。考不好也没关系，心理负担少。”

他还拿班上一个性格上非常有坚持力的同学来和自己的随意性格作对比。

王志鑫：“有一个同学，女的，刚进学校时，是400多名。生活学习特别特别有规律，自律。后来高考到年级第六，考上了她一直想去的北京外国语大学。有一次，大家一起去吃炸鸡，店里桌子不够，大家提议去吃别的。她觉得自己是来吃炸鸡的，如果去吃别的，那她就不去了。我觉得，我很佩服这种在性格上非常有坚持的人。这个做法不建议。我自己比较随意，无法全心投入。羡慕这样的人，但是不会去做，我目前很满意自己了。”

猿辅导：“我觉得这其实是心态好。嗯，那对你来说并没有什么压力的高考，你是怎么看待的呢？”

王志鑫：“高考是目前最公平的。虽然有很多少数民族加分，有教育资源不公，但主要是靠自己。看全方位的，不仅是成绩，还有心态，所有的个人素质都有。‘一考定终生？’，我并不这样觉得。大学之外还有很多路。”

猿辅导："考这么好，你有什么特殊的学习方法吗？"

王志鑫："文科很重要的是背书，我很擅长。早 7:00 到 8:00，背语文、英语的好词好句。下午自习课，背书。晚 6:00 到 6:30，最近几天背的哪里忘了就背哪里巩固。我觉得高考是背出来的，班里很多人背书的方法是我教的。"

猿辅导："可以举一个例子吗？"

王志鑫："比如历史的背诵法，很多知识点都可以分为三部分：背景、内容、结果，然后他们下边又可以分出政治、历史、地理。还有就是找一些押韵。地理就多画图，找规律。我不会死记硬背，那样效率很低。"除了自己背书，王志鑫说，还要经常和老师打交道，问老师自己会的问题，但是他会讲出来一些你意外的东西。

虽然是文科生，王志鑫表达了自己对于理科的喜爱，以及后来选择文科的原因。

王志鑫："理科是小时候就一直比较喜欢的，从小就是。但是我文理成绩都很好。后来选了文科，因为是学校的安排，老师的建议。高一的时候，学校分班会先去一个班，我被分到了那个默认以后是文科班的 5 班。但之后那次正式分班考试，我的文理科成绩加起来是第一，而且英语当时也是考全年级第一名。”

猿辅导：“那你为什么还要选文科呢？”

王志鑫：“当时的话，数学和地理还好，但是化学只有 60 分，所以我就成为了文科班老师们重点关注的对象。文科班老师给我谈话，就不让我走了。我的文科更有优势，文科班老师也很有优势。因为理科老师很多是新来的、才毕业，没什么优势。”

猿辅导：“喜欢的和擅长的有时还挺难兼顾的。”

王志鑫：“是啊，其实我想学理科，但是后来还是被说服了，就随缘了。”

喜爱日语和日漫的王志鑫也谈到了自己喜欢的日本偶像。

王志鑫：“我喜欢一个日本的音乐人，他的名字叫‘劲’。他的歌有一个系列，很有创造力，每个歌里都有一个故事。他非常有才，我很想了解他。就是这类有才的人我就会很佩服啊。”

11号学霸：弋璐通

毕业于登封一中
中国矿业大学行政管理专业

来自河南登封一中的弋璐通可谓是在线教育的忠实粉丝，上高中以来就一直坚持利用互联网进行学习。弋璐通说到自己是一开始就下定决心要在互联网学习上努力。

猿辅导："你在网上上课，大家会怎么看你呢？"

弋璐通："周围的人当然也觉得自己很奇怪啦。"

猿辅导："那父母不干涉吗？"

弋璐通："父母也担心，但是自己毕竟要高考，父母也不想让自己有太大的情绪波动，更相信自己。而且我在在学校都不用手机，回家才使用手机。"

猿辅导："你是怎么了解到猿辅导的呢？"

弋璐通："因为猿题库是空间推送的，小猿搜题也是。猿题库里面有关于猿辅导的商城，于是尝试买课。"

不仅仅是高一、高二，直到高三，弋璐通还在坚持上网听课，一直到高三后期。网络课程可谓是帮了弋璐通的大忙，他说自己在高三时用猿题库也很多，每天请假回家，晚上有课听课，没课就结合题库巩固白天在学校听到的知识。

猿辅导："为什么会想到请假回家呢？"

弋璐通："请假回家自己学习是因为平时发的题发来发去也就那些，反复做，有些题很难也做不了，于是在题库上找比较薄弱的科目和模块，做完之后进行总结。"

猿辅导："那你用猿辅导、猿题库这些的频率如何呢？"

弋璐通："数学的话，用题库用得比较少，九年的高考题和两年的模拟题都总结在纸上了。但是其他文科科目比较好用。搜题主要是用数学，因为有的题很难。有些题的过程一看就明白，会把解析过程抛开，因为自己会弄明白。"

通过这种在线的自主学习，弋璐通收获了很多，也付出了很多。在学习节奏又快又紧凑的高中生涯里，弋璐通拿出了大量时间在网络学习上，他自己的估计是："如果按一个星期算，大概2/7到3/7的时间会用猿辅导、猿题库和小猿搜题。自己用百词斩也比较多，现在也在用。它非常形象和方便，还有阅读计划，里面还卖名著。自己用得最多的就是猿辅导和百词斩，放松的话就用用 QQ 音乐。”他说自己本来是抱着试试看的态度，高三后半期也把资源分享给女朋友。

辛苦的付出总是有回报的，弋璐通利用网络给自己充电，最终取得了非常好的成绩，而他本来并不是学校的核心培养对象。他提到“学校会让最好的同学到郑州补课，毕竟同学是考清华、北大的希望，隔几个星期上两三天课，普通老师一个小时也两三百，后来总共用了一万三。学校给理科全额付款，文科各付一半。学校看中的人会有四五个，自己排在七八名，并不算是最核心的‘培养对象’”。

猿辅导：“后来这些同学考得怎么样呢？”

弋璐通：“送过去的同学压力太大。最有希望的那个也是自己的女朋友，平时甩自己 30 多分，后来高考被自己甩了 30 分。”

实际上，弋璐通很早之前就与网络课程有了亲密接触，最早的时候，他有一个学习机，里面有录制的视频，这是他第一次接触到网络课程。

猿辅导：“你觉得学习机里的课程和现在的猿辅导有什么区别呢？”

弋璐通：“这和现在的猿辅导比起来当然是落后太多，但是当时收获很大。因为刚上高中，和初中落差很大，于是想跟着学习机步入正轨。学习机课程都是收费的。总是感觉录播课总有一点问题——自己有问题，老师没办法解决。只能被动地接受知识，而不能帮助自己思考。”

弋璐通已经完全适应了在线教育的节奏，他表示到了大学自己也愿意这样学习，但是可利用资源很少，主要是四、六级，高数资源找不到。而自己读的是行政管理，小组作业在做互联网与生活，自己选择了与教育领域相关的。

弋璐通：“现在找到了一个跟谁学。猿辅导主要是初高中教育，跟谁学上面很杂，包括做饭、打拳。文科的高数课最简单，但是也不好找，仍然需要一对一。自己对新事物接受能力很快，已经习惯了这种学习方式。”

12号学霸：黄承宏

毕业于湖北省钟祥第一中学
北京师范大学理科实验班

生性安静，喜欢化学的黄承宏考入了北京师范大学理科实验班。他说自己不喜欢被打扰，非常适合做研究。感觉化学比较神奇，因为老师在课堂上做实验，看到很神奇的化学反应，所以觉得很有意思。

猿辅导："平时最好的科目是什么呢？"

黄承宏："好的应该是语文和化学、生物吧，一般都会排第三。但是高考语文考得很糟。语文本来想考130分的，结果110都没到。不然就可以去南开啦。高考的时候考了651，南开的分数线也是651，结果因为语文成绩，就被刷下来了。因为虽然总成绩是一样的，但是它是按照语文、数学、英语各科的成绩排名录取的，就是运气不好。"

猿辅导："那最差的呢？"

黄承宏："最差的是物理和数学，后来慢慢地好了起来。因为数学、物理比较复杂，化学做题目比较简单。应该是化学做作业做得多了，后来数学和物理作业做得多，成绩就好起来了。而且数学老师换了，他说别的科目都很好，为什么数学这么差。这个老师的教学方式不一样，只讲方法，不讲过程，讲课比较快，还会留时间给我们思考。主要（原因）还是兴趣吧。感兴趣的是语文、化学。生物现在兴趣不是太高了，喜欢生物是因为感觉题目很有难度，喜欢挑战，后来高考复习生物就是背同样的东西，感觉很乏味。”

黄承宏说，自己的英语成绩不是太出众，平时 110—130 分。在他眼中出众是要到班级前五。因为英语太复杂，汉字到目前只有 4000 多个常用的，而英语单词很多。所以自己的英语成绩一般排 10—20 名。

猿辅导：“其实这个成绩还好啦，是你对自己要求高还是爸爸对你的要求？”

黄承宏：“虽然我一看到复杂的英语短文就想睡觉奥，但最后还是要多做题目。爸爸基本上不干涉我的学习，就是问一下我的成绩，排名之类的。”

猿辅导：“为什么对自己这样要求呀？”

黄承宏："因为要考好啊，想要读好大学嘛，对大学很向往。好大学的师资力量雄厚并且出路也多一些啊。"

黄承宏经常利用网络进行学习。他觉得，如果别人提出来一些问题的话，还是很好的。这跟在学校上课很不一样，线上课程看得比较清楚，并且可以回放。有一些一对一的辅导，会很符合个人的情况。线上的话可以预订自己想要学习的方式，线下是老师辅导，学生写作业。而且线上的老师没有学校老师管的严，感觉就像是一个哥哥姐姐在教学，学起来很轻松，自己没什么压力。

黄承宏说自己喜欢唱歌，但是基本上没有时间。"小时候唱的时候大人们都说我可以去读艺术学院了，后来慢慢的将经历放在学习上就没有怎么太注意这个了，还是比较喜欢去 KTV 的。"他最喜欢的歌手是许嵩，因为他有自己的个性，所有的事情都一个人包揽。有中国古典风格的文人气质。"许嵩有个人路线，作品有的也很实际，有的也很古典。"

除此之外，黄承宏平时也喜欢读书。

猿辅导："感觉你看书范围很广泛呢，最喜欢的是哪本？"

黄承宏："《鲁迅全集》。因为我喜欢鲁迅的风格，还有用笔杆警醒世人。你读一篇文章不看作者就知道是他的，读起来很拗口但是很精彩，把痛斥黑暗势力写了出来。”

猿辅导：“我觉得你还蛮喜欢古典气息的东西的，你觉得鲁迅是个古典的人，还是一个现代的人？”

黄承宏：“偏现代一点吧。”

猿辅导：“具体表现在哪方面的现代呢？”

黄承宏：“主要是在思想伤疤，就是不满封建礼教啊，提倡民主自由和民族意识什么的。”

猿辅导：“学习任务很重的情况下，你怎么安排读书时间？”

黄承宏：“中学小学的时候，学习任务很松的时候喜欢看书，但是那个时候我们这里没有书卖，很迫切地想找东西看。”

猿辅导：“用什么方法找呢？”

黄承宏：“报纸啊，街头发的健康杂志啊。但是我们这里没有报纸卖，就是平常家里有的报纸。”

猿辅导：“你家里订阅了报纸？”

黄承宏：“没有，我也不知道家里怎么来的。高中的时候买过很多书，高三就基本上不怎么买课外书了，都是作业。”

猿辅导：“对你个人而言，读书的好处是什么？比如读鲁迅的书，或者读其他作者的书，有什么收获吗？”

黄承宏："就拿《解忧杂货店》来说吧，它告诉我们，人的一生总是会遇到烦恼，但是最重要的都应该靠自己。"

黄承宏也是一个有些特立独行的人，穿奇装异服到学校是他非常自豪的一件事。

猿辅导："为什么会想到穿奇装异服呢？"

黄承宏："因为穿黑白色时间长了想换种风格。然后就从上到下都成了彩色。平时都是全黑全白或者黑白配。"

猿辅导："为什么突然想换种风格呢？"

黄承宏："感觉那样太单调了。"

猿辅导："同学看到你换了穿衣风格有什么反应呢？"

黄承宏："感觉我变化好大，说我变'娘'啦。"

黄承宏有着非常优秀的演讲能力，他说，在讲台上发言，每次都与别人的不一样，并且每次演讲都会让听众忽略别人的发言。

猿辅导："你的演讲主要是关于什么的呢？"

黄承宏："就是演讲了一些振奋班风的东西以及分享学习经验吧。我记得有一次我把王国维的《人间词话》用上了，就是那三个境界，一个境界讲一段，并且段首都是诗词。"

猿辅导："你的哪个观点和大多数人不一样？"

黄承宏："比如，我认为语文题目应该多做，数学题目应该少做，需要多思考。被数学老师逼的，数学老师天天喊着大家要多做些数学题，数学是高考的核心，每个星期至少五套数学卷子。还好语文老师不让我们这么写作业。"

黄承宏非常喜欢互联网行业，他说互联网行业可加强人们的沟通，也可以很方便地获取信息。"这个行业发展很快。有时候会很不经意地推出很多功能，而且会是你从来没有想过的。"

对于未来，黄承宏的期待是高薪，并且做着符合自己兴趣爱好的工作。最理想的状态应该是能维持生活，高端的生活：有一座山，然后随心所欲盖房子、养花、游山玩水。

PART4

做自己的主，学自己的习

对于许多人而言，从小到大，学习似乎都不是自己能决定的事，因为它是被强迫进行的，而不是自己选择的，在学习过程中的压力也因此被放大了很多倍。压力又往往导致厌学情绪的产生，成绩的下滑并不是空穴来风。反观学霸们，往往喜欢学习，并且他们相信自己能学得更好。

PART4

做自己的主，学自己的习

16 岁的库里，是一个 B 站红人，他做的古诗鬼畜视频单个播放量超过百万次。

但平时他在学校里，只是一个普通的高中生，就连他的父母也不知道他在网上是这样的“大神”。

一个高中生哪有这么多时间和精力成长成一个剪辑高手呢？

据他说，在每一天上学之后，在别人打游戏的时候，在寒暑假法定节假日的时候，他都花时间在网上自学剪辑。看视频学习技术，看别人的视频研究什么素材最流行……

人对于自己发自内心想要完成的事情，总是充满了热情和冲动。因此，当你忙到几乎没空学习的时候，其实不是“有没有时间和精力”去学，而是你对于学习的意愿和热情不足，让你无法继续为之付出精力和时间了。

·从“你必须学”到“我就要学”

学习不仅是分数的事，它还关系到自尊心和成就感

为什么很多人不喜欢学习呢？

回想一节课吧：你低着头，预感到老师要提问，默念着“别点我、别点我”。巧不巧，老师在你一脸懵圈的时候，提一个让人搞不明白的问题。于是，你在众目睽睽下站起来，用一句“我不知道”回答了老师，场面一度尴尬极了。带着尴尬和窘迫的情绪熬到了下课，你还敢去请老师跟你解释一下刚才他提到的知识点吗？

游凯超：“我在平时听课，没有什么障碍，课外留下的时间比较少。我们周末也要上课，也没有补课的必要，问老师就可以了，但是很多人不敢开口去问老师。”

有的时候，当面的教育过程本身就是压力。

在全班几十个同学的面前，老师点名一个学生，催促他回答问题，在全班同学和老师的目光之下，学生当然会感觉到压力山

大；让学生当着老师的面说，“老师我没听懂，能给我解释一下吗”，更是压力重重。

一旦有知识点听不懂，之后只要涉及前后联系的知识，就会有更多不懂的知识点。在这种情况下，学生很容易和老师站在对立面，更加不愿听从老师的建议和安排。

马晓龙：“我最差的科目是数学，我不喜欢。从小学起，我一直在想怎么逃避下一节数学课啊，从高一开始就是这样的。高二分班后，遇到了我的数学老师，他没有什么特别的方法。在教学中，比较和蔼可亲。有一次在数学课上，我听得心不在焉，下课后他就问我为什么。我说不喜欢听。在上数学课时，完全没心思听。在数学考试时，我会因为心理作用，肚子疼。然后他说他大学的英语四级，考了 9 次才过的。每周日下午都会给我单另的讲解习题。他给我的意见是做自己会做的，能拿到分的；觉得自己不可能做的，扔掉。一般我觉得我会做的，能听懂的，我就认真听。如果完全没办法接受的，我就会放弃，完全不听他的讲课。考完后，问我能上 120 吗。其实我自己觉得 110 分以上就不错了，还好最后没有拉分，113 分。”

在这种当面教育的压力之下，学生很难和老师进行有效的交流，有时甚至会走向一个尴尬的反面。

美国著名在线教育网站可汗学院的创始人萨尔曼·可汗做出过一个老师和教练的对比：孩子们厌恶老师，却尊敬、爱戴他们的体育队教练。

萨尔曼·可汗认为，孩子们之所以尊敬教练并且愿意服从教练的指示，是因为教练明确地表现出了对学生的支持。教练帮助孩子展现出自己最好的一面，让孩子们体会到了胜利带来的兴奋感，他们是学生的伙伴。但在他看来，学生常常将老师视为对手——老师丢给他们繁重的课业任务与现实脱节的公式，让他们没有闲暇时间，让他们感到耻辱。

其实老师和教练有什么区别呢？目的都是为了帮助学生掌握更多技能、迎接更多挑战。但不同的是，老师拉着学生按照规定的进度学习，课堂考试那套评估系统，只用来给学生贴上成绩好或者差的标签。

网上教育能够恰当地减轻课堂教学带给学生的压力，让学生重新在学习这个过程中活的自尊感，让教学回到“帮助学生学得更好”这个目的上。

当学生在网上刷题的时候，即使碰到不会的题目，也不会觉得尴尬或者为难，只是单纯地觉得自己这个知识点没有掌握而已。

孙凝翔："线上教育的优点在于可以不用顾忌面子，对于讲得不好的老师的课可以直接退出。可以提供更好的资源，但是没办法将中上的资源很廉价共享出来，不过对于很多乡村学校来说，以很廉价的方式来获得资源还是很好的。

"我自己的整套学习体系和老师不一样，也和别人不一样，包括自己的生活特性，对应试的方法非常个人化，经找不到任何人支持自己。偶尔觉得有几个很好的老师，在做题上对自己的没什么帮助，但是在某些可能偏激的观点上和自己很契合，就很喜欢。"

当学生在线上听课，碰到听不懂的知识点的时候，他只是拉动进度条来听回放，而不需要请求老师重新讲一遍，避免了当面的压力。

董小双："在网上听课很爽的一点，就是听过的课程可无限次回放，高考前我有把之前学的课程重新看了一遍，当做复习。"

李晖："自己的老师讲课的技巧没有猿辅导老师丰富，个人独创的经验更多。视频可以回放，不懂的多看几遍也可以懂。但在学校会有很多的影响，比如同学老师的交流方式等。"

学生真的需要求助的时候，在网上向助教、老师寻求答疑的帮助，基本上通过语音的方式就可以完成，减轻了他们当面提问的心理负担。

为什么那么多学生喜欢玩游戏？因为他们在游戏里能获得正面的反馈，能战胜敌人，获得胜利，胜利让他们有自尊心和成就感。

在规避当面教学的压力的情况下，学生在网上学习掌握新技能。面对越来越多会做的题目，越来越多清晰的概念，越考越高的分数……

就像在游戏里打怪升级一样，他们不断地获得成就感，自尊心也在不知不觉中提高。

让"想要学习"变成你内心的渴望

想想你记忆里那些不愉快的瞬间吧！被父母训斥着收拾屋子，在冬天冷冰冰的早晨从被窝爬起来上学，在寒暑假结束前一天疯狂地补作业……

这些不愉快的瞬间，都有一个共同点——“被强迫”。

被强迫之所以让人觉得很糟糕，是因为会让人觉得失去了对自己的自主权，只是去完成“别人的意志”。

人对于别人布置给自己的事情都是不情愿的，因为我们需要“自由意志”。

戈璐通：“其实自己以前发现过，自己不是讨厌学习的人，但是不喜欢学校的学习方式，因为自己的学校是强压的，没什么自习课，自己比较喜欢独立学习。也就是从高一发现自己的这个特点，不是不喜欢学习，而是不喜欢学校强加在自己身上的方式。后来发现使用猿题库可以自己总结，非常独立自主，父母看见自己主动要求学习也很高兴。”

被强迫的过程中会产生负面情绪，这种情绪让人觉得学习的每一分钟都“度日如年”。

同样的 40 分钟，你热爱的课程时间就过得无比快，而你厌恶的课程就那么漫长。是情绪让不喜欢的学习的过程变得更加疲惫，因此产生抵触情绪。

科学研究表明，情绪真的会导致对时间的内在感受的不同。“就恐惧、愤怒、悲伤和快乐四种情绪而言，大部分研究证实恐惧情绪这种威胁信号引起了主观时间的增加。其原因可能是恐惧情绪提高了注意与觉醒，进而加速了内在时钟。基于内在时钟理论，内在时钟的速度越快，个体在相同物理时间内体验到的主观时间就越长。愤怒情绪通常也会引起个体对于时间的过度估计，因为面对愤怒的面孔时产生的还有恐惧情绪，从而产生了类似的效果。”[12]

在被强迫学习的过程中，学生可能产生某种程度上的恐惧、愤怒或者悲伤情绪，这些情绪也许会导致学生的主观时间增加，从而对学习产生疲劳和抵触情绪。

对于大多数学生来说，“学习”本身是在高考、父母、老师的压力下要去完成的一件事情，而不是自己想做的事情。“考不好你就完蛋了”的压力催着他们学习，是缺乏自由意志前提下的学习。

因此，只有真的转变成自己想学，才有学习的热情和动力。

哈佛大学博克教育和学习中心的特里·阿拉德杰姆（Terry

Aladjem）说：“从认知科学的角度来说，学习是一个将知识由短期记忆转化为长期记忆的过程。评估研究已经证明，主动学习的效果是最好的。”[13]

当你打开手机、iPad，自己寻找学习路径的时候，和老师在课堂上讲课，布置家庭作业的感觉是不一样的。

每天叫醒你的不是闹钟，是梦想，是热情，是想要学习的冲动。

马晓龙：“我对待学习从来没有含糊过，别人家的孩子都是讨厌念书，我每次都是最早到学校，最晚离开学校。就是在学校学习的时候和同龄人有很多话题，在课本上学到很多自己不知道到的事。慢慢会感觉到这是件很有趣的事。

“学习和应试性的考试，到高考才开始备考。到高三下学期才有心理准备。高三下学期开始应付各种考试，但是我觉得只要跟着老师的步伐走，把那些任务完成后，其实应试也没有那么难。我不把应试和学习分开。”

诺埃尔·恩特威斯尔和威尔达·麦丘恩提出了“为自己而理解”的思维方式，并认为这是优秀学习者和思考着必备的品质。

理由很明显。只有当你发自内心地希望理解某事，而不是试图囫囵吞下打包好的知识，才能更好地形成全局性的理解。而且，只有当你出于自己的意愿希望理解某些状况时，才能更好地运用全局性理解来应对你面临的状况。[14]

所以，根本的问题是：如何才能让我们的理解能够源于兴趣？

小贴士：游戏让学习更快乐

跟成年人理解的不同，让青少年欲罢不能的电脑游戏，没有一款是轻松的。

想想英雄联盟为了更高的积分不断地进行排位赛，想想魔兽世界里为了一件装备反复地组织团队副本……

“游戏是我们集中精力的大好机会，我们乐观向上地做着一件自己擅长并享受的事情。所有优秀的游戏都是艰苦工作。它是我们主动选择且享受其中的艰苦工作。而当我们从事自己喜欢的艰苦工作时，就点燃了头脑里的那根快乐雷管。”[15]

游戏为什么能点燃我们的激情？

《游戏改变世界》的作者简·麦戈尼格尔认为，首先是因为有目标，吸引玩家参与：其次是明确的规则，让玩家在限制的条件下释放创造力；再者就是反馈系统，比如一项任务的达成赚得了多少金币和经验值，让玩家知道自己离目标的达成还差多少；最后，玩家是自愿参与的。

在传统的日常的学习中，很大的差异就是缺乏反馈系统。你可以把每一次小测验当做反馈，但反馈周期太长了——不足以支撑我每天的学习，而且，测验往往会给人挫败感。

比如，为什么大多数人对着字母顺序的单词书，往往 A 开头的单词都没背完，就进行不下去了？因为我吭哧吭哧地背了好几个晚上的单词，除了自己告诉自己“啊，我背下来了”来激励自己，并没有得到合适的反馈。

再加上我背单词的效果可能不能得到立竿见影的展示：英语考试中阅读、完型填空中出现的单词可能根本不是我背的列表里面的，我很容易就觉得挫败了，背不下去了。并且，这些考试往往都不是我们主动选择参加的。

但其实，只要你坚持足够长的时间，一定能看到学习效果。但很多人都在遥遥无期的看不到成果的路途中放弃了——少数能够坚持住不放弃的人，就变成了学霸。

有没有办法鼓励更多的人坚持下去，不要放弃呢?

如果缺乏即时的激励，让人觉得枯燥，那学习的过程中是否可以有恰当的激励呢?

有没有人让人自觉参与的“学习测验”呢?

大多数的学习软件都试图让用户收获到即时的反馈，最突出的表现就是背单词的APP。

首先，大多数背单词软件都可以把庞大的目标拆分到每日。几千个单词的目标，分解到一年内的单日，只需要每天完成几十个。

以百词斩APP为例，你可以设置需要背诵的单词任务，比如高考单词、中考单词、托福单词，等等，同时需要设置预期背完这组单词的日期。这样系统就会把对应的任务分配到每日。

另外，APP还会提供给用户即时的成就感，百词斩将单词记忆的检测做成PK模式。可以随机匹配对手，也可以按照手机定位和熟人进行PK，一局单词PK的游戏不过几分钟，但用户可以通过一次次微小的胜利获得成就感。

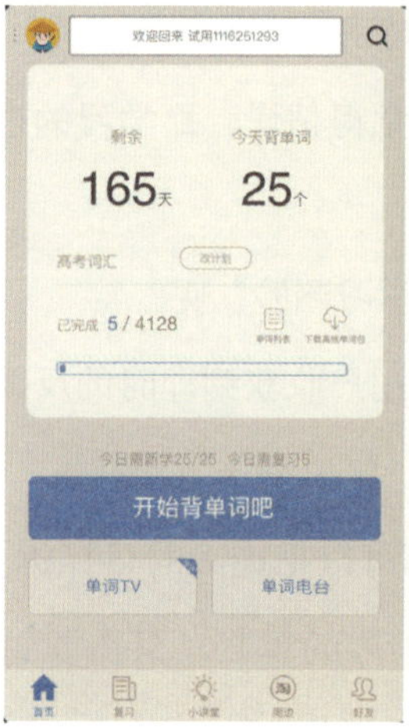

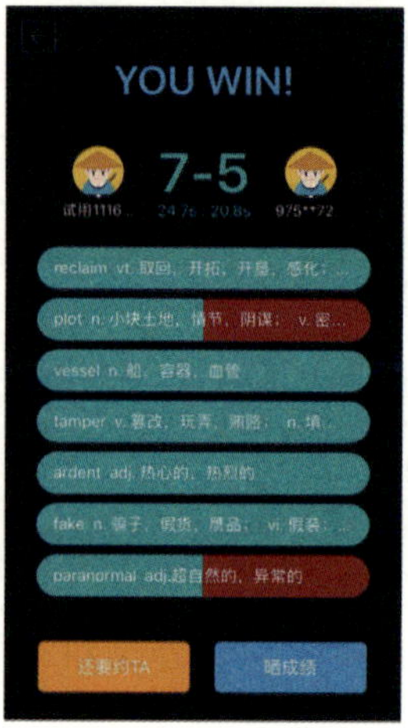

相信自己能学好，才能真的考出好成绩

学霸跟普通同学在心态上就有巨大差异。心理学研究，如何看待自己每一次考试的成功和失败，会直接影响到之后学习成绩的提高或者下降。

心理学研究，所谓的学霸——成绩好的学生喜欢把自己的成功归结于内在的原因，并且认为这是长期的效果。比如一次考试考得好，他就会认为“我一直都学习好，这是我自己聪明我努力”。而他们会把失败归结于外部的原因，并且觉得这种情况只是暂时的，比如一次考不好，他会觉得“这次老师出题有问题，只是这次考不好而已，下次就没问题了”。

	长期	短期
内在	成功	
外在		失败

学霸的归因方法

这种思考问题的方法让他们的心态越来越好，同时让他们的成绩越来越好。

但是所谓的学渣——成绩差的学生就会出现相反的想法。

	长期	短期
内在	失败	
外在		成功

非学霸的归因方法

考得好了，他们认为是卷子这次出简单了，是自己的运气；考得不好了，则认为这才是自己应该有的、正常的分数。

研究表明，只有学生把良好的成绩归于自己的努力和自己的能力，相信自己有能力，并且相信自己只要努力就能获得成功，才会真正地获得学业上的成功。[16]

也就是说，相信自己能学得好才会真的学得好，看到好的成绩就觉得是自己努力换来的，才会更努力，取得更大的成功。

所谓的“逆袭”，就是改变对自己能力的判定，给自己积极的心理暗示，认为自己有学好的能力，进而走出困境。

是的，在成长的过程中，我们每个人都会不可避免地面临各种挫折和困难。

大部分人并不是天之骄子，不能从小到大都一帆风顺。

在这个过程中，亲戚朋友的帮助无疑是必不可少的支持与鼓励。但是，外部的帮助终究是有限的，更多地要依靠自己的积极心理和能力走出困境。当被外界贴上“差”的标签，不给予鼓励和信任时，每个人都会感到无助。但人的能力并不是一个固定的数值，因此不可以被标签定义。

相信自己有变得优秀的能力，才会更加努力地去挖掘自己的能力。在适当的挖掘中，能力提升了，自己也就能实现从“差”到“优”的逆袭，走出阴影。

刘健君：“其实我整个童年都带有悲伤的色彩，比较悲观，是近几年才好起来的。因为我最开始的时候成绩不好，什么都不好，连妈都说我不好，所以是挺自卑的。后来我用努力证明我是能行的。童年很明显是受到压抑了。老师、家长、同学都帮助过我，主要是我的男神老爸。我爸是可以的，但是我妈喜欢批评式教育，是我爸最后才改变了她。我的自信心也是慢慢建立起来的，现在可以说逆袭成功了。走出阴影后我的感悟就是，人的能力是要挖掘的。”

唐雪薇：“我算逆袭，高一物理啥都听不懂。后来物理反而成为我考得最好的，成为我的意外收获。最初是完全不知道物理是干什么的，都是汉字，看不懂，我是通过做题才明白了，做很多题。

“我刚上高一那次时候成绩不好。因为初中到高一时，没有预习，而且物理差，只考 40 分的那种，还有来到了新的体系，所以比较苦闷。当时的成绩上一本都比较困难。后来成绩不断地好了，考完之后，也没有很激动，以前感觉自己是学不起来，成绩提不上来的。算是经历了心态比较复杂了，现在也没有太激动。后来一点都不紧张。可能是之前的各种心态都有过吧。自己成绩太差了，感觉自己可能一定要考好吧。慢慢把自己的目标挑高吧，为什么把自己看得那么低呢。猿辅导啊，真的是，它给我信心了。高三时，化学还考过30分。原因就是我当时什么都不知道啊，老师也不讲。”

另一方面，即便是那些看起来从小到大都名列前茅的学霸，也并不总是一帆风顺。他们担心的不是自己会在挫折中一蹶不振，而是担心没有足够的磨砺让自己变得更强。他们知道意志力是催人上进的重要力量。正是在挫折的磨砺下，他们才能督促自己付出更多的努力保持好成绩，砥砺前行。

就像尼采所说的：但凡不能杀死你的，最终都会使你更强大。

陶然：“人生在哪里都会好的，即使到了比较普通的大学。我比较相信个人的力量，当然环境也重要。最有成就感的事是写论文那年，刚写时，两个多月都没结果。后来自己克服了很大困难，才完成了。那段时间物理没学好，心情挺负面的，我会自己不断克服。人的话，磨砺会比较好。我妈妈小时候会培养我的意志。我会有孤独感，因为周围人有时会觉得你那么努力干什么。但是我觉得独立挺好的，做自己的事。有时会想到独身生活。有梦想、有信仰、有想法的人，才会在时代发展中胜出。只会抱怨的人，我不喜欢。”

徐弘笛：“悲伤让人进步，悲伤会让人有动力。比如有人嘲讽自己，自己就会更努力学习。别人就算不当面说，但是自己能感受出来，还有自己成绩很差的时候，也很悲伤，自己能静下心好好学习，好好补习。所以有时候悲伤是一个不可或缺的东西，但是平时应该让自己有趣和开心一点。（比如）和同学吵了架，就买了三毛和苑子文、苑子豪的书，看完了对自己激励很大，然后好好学习，所以也觉得悲伤是一种力量，更多的是自己在学习。过了一个多月，自己成绩从不到年级20，考到了年级第六，其实考了前十就代表能上北大了。”

·把时间用在“刀刃”上——讲效率

你坐在书桌前几个小时，不过是求心安

俗话说，好钢用在刀刃上。你的“钢”，真的用对地方了吗？

有不少人有过这样的委屈，每天辛辛苦苦地一学就是好几个

小时，但成绩总不见涨。

但你确定你花费几个小时一动不动坐在书桌前，真的是在学习吗？很多时候，无论你的大脑输入了多少知识量，你都会告诉自己：“你看，我坐在这里学习五个小时呢！”

醒醒吧！

你最不需要的就是这样的自欺欺人，你需要的是真正的学习成果。

《如何在大学里脱颖而出》一书的作者卡尔·纽波特（Cal Newport）说，他自己甚至不喜欢“学习”这个词：“学习这个词给大多数学生增加了太多的精神压力。他们认为如果不能一直待在图书馆、坐在书桌前沉思苦读，就会有负罪感。于是学生生活变成了一种持久的自我斗争过程——总是试图多‘学习’，但总是感到收获少。”[17]

所谓的学习，不应该是自我安慰的一种兴奋剂，而是你抵达获取知识的目标的必经过程。如果你不是以获取知识为目的，只是告诉自己“反正我在这个过程里”，效果当然不会好。

优秀的学习者，无一例外，都反复提到效率这个关键词。

假如一个人学习时间很长，但在单位时间内学习成果低，他学习成果的总量未必会高。

你们的班上是否有这样的一个人：他非常认真地学习，上课认真听讲，下课也非常认真地看书，连上厕所的时间都挤了又挤。不仅这样，他每一门科目至少要买两本以上的资料书，作为课堂学习的参考和补充。晚上寝室熄灯后，还偷偷摸摸打开手电筒，躲在被子里学习。

这显然是一个十分刻苦的同学，在别的同学眼里，他不是在学习就是在准备进入学习状态。按道理，他自然而然地是大家口中的学霸，就算考不了第一，也要考第二。但是考试成绩出来，却让人大跌眼镜。他的学习成绩不仅没有进步，反而是每况愈下，最后由班里的中上游位置掉到了班级末尾。

一定还有很多的同学为此苦恼：明明自己已经把 24 小时当作 48 小时来用了，每一门科目都做大量的作业和练习，为什么还是觉得时间不够用？为什么成绩没有得到明显的提升，甚至不进反退？

这些问题的答案很简单，因为有的同学更会利用时间，有着更高的学习效率。

他们能集中精力做好手头的事，减少了不必要的时间消耗。

所以，他们比别人更快做完课后作业，能在有限的时间里学到了更多知识，看起来压力自然就小很多。

只有在高效率的基础上的长时间学习才是有价值的。

陈泽镕："逆袭也没有什么技巧，只是当身边同学在玩儿的时候，我在学习，成绩慢慢地就变好很多，平时在自习室也是我走得最晚。除了花时间之外，专注也很重要。身边有的学习不太好的同学，他们上自习时就会把手机放在旁边。他们说的所谓的休息一下，就是开始无休止地刷手机了，一旦注意力不集中，可能一整个晚上就荒废了。"

徐弘笛："在初二下学期，刚去广州就买了一个智能手机。自己自制能力不好，为了自己，故意换了一个非智能机，远离诱惑。去图书馆，会不带手机。使用 Pad 也没关系，家里没网，去外面下载东西，然后回来看。"

潘丹阳："有同学问，我明明晚上一直都在学，连续学了三四个小时，为什么连学校布置的作业都没有做完？我明明有听老师上课啊，但是怎么下课了都不懂呢？这是一个效率问题。效率支撑着我学习上的生命。我们高中生活比较惨，是不允许带手机的。晚自习有三个小时四个小时时间，我现在说要做某个作业，就把这个作业拿出来放到眼前，其他作业都放到柜子里。这样眼前只有这么一门作业。”

董小双：“我们班里还有一个学习小组，组里有个跟我关系不错的女生，这个女生最大的特质就是专注，平时上课她会很认真的听课，记笔记也飞快，但一到下课就会跑出去玩，考试的时候分数又能把第二名拉得老远，好像没在学习一样。我跟她学了几招，改进自己的学习方法，像是数学这种节奏很快的理工学科，一节课老师会讲很多道题，她用草稿本把老师写在黑板上的题目先抄下来，再迅速地记下核心的步骤。下课的时候再整理和验算。老师给我们的题目一般都是经典的题目，除此之外我会用小猿搜题找同类题来做。但是因为学校规定，我找同类题的时间只能等到放学之后，平时课间先跟同学讨论解题方法。理科类题目也分难和简单的部分，了解知识点和刷题是做理科的秘籍，一旦题刷多了，再碰到一道未知的题时，自然而然就会反应考察的知识点和同类型题，要用哪几种方法解答。这些问题就会一个一个按顺序蹦到答题者的脑中，形成逻辑思维。”

因为效率高，他们给学习之外的兴趣爱好空出了时间，因此现实生活中的很多学霸不仅成绩好，还有学习才艺、发展自己特长的时间。

潘丹阳：“我在学习之余最常做的事情是社团：广播站，曾经通宵办一个节目。高二升高三退出社团，做片尾的一个纪念视频的剪辑和制作。当时办欢送会，我和另外的住校生，在电台里整理素材，晚上睡在电台里。反响特别好，大家的照片拼出一个心形，整个片尾是我自己做完的。在电视台认识一些朋友，学习怎么和人打交道，学习编辑软件。我没有太过激烈的竞争，小时候没有太多的压力。学校没有太要求，我也学得比较好。我希望将高考对自己的压力降到最低，我不会逼着自己，我心里有底，也算是比较有信心。小时候比较害羞。会有很多焦虑感。后来参与社团啊之类的机会多了，反而是适应了。高中去参加电视台。现在参加了记者团。喜欢做事的状态。平时大家对我的评价：不务正业，不怎么学习，去社团比较多。下去翘自习课比较多。随和一点和大家玩得也比较好。和老师关系也不错。”

反观很多成绩不尽如人意的同学，虽然看起来学习了很长的时间，学得天昏地暗，但效果却不好。

当你在质问自己“时间都去哪儿了？”的时候，自己未必能够很快地给出答案。也许很多人会觉得自己知道自己的每一分每一秒都是如何度过的，但实际上只有真的去记录自己的时间用途，才能知道时间是如何花出去的。

不妨尝试一个简单的方法：尝试记录自己的一天！

第一个课间	第二个课间	第三个课间	午休 1:00—1:30	午休 1:30—2:00	第四个课间	第五个课间	……
刷化学题	背了 10 个单词	休息，喝水，上厕所	做数学作业	睡觉	和同桌聊天	背了 5 个单词	……

除了课堂的时间，你的时间都花在哪儿了？

可以试着像上表一样列出来，看看自己的一天是如何度过的。注意，每次记录时间的跨度最好不要超过半个小时，比如午休如果超过半个小时，最好拆分成几个片断时间来记录。之所以建议每个片断时间不要超过半个小时，是因为一般来说人高度集中注意力的时间大概在 20 分钟左右，后面章节提到的“番茄学习法”（见后文）也是这个道理。

当你仔细观察一两个星期并做好记录，也许会发现自己的时间利用可能并不如自己想的那么恰到好处，这就是你开始调整自己行为习惯的好契机了。

或许你过一段时间就不再需要这个表格，或许你离开这个表格之后一段时间你又重新需要它。记录和观察的本质，是用一个旁观者的眼光审视自己。

有人说，记账是开始理财的第一步——只有你真的开始关心钱的支出和收入，做到心里有数，才能管理好自己的财富。同样，时间是你人生中更重要的财富，为什么不花点时间，了解一下自己每天的时间都支出在哪儿了呢?

为了管理好自己的时间，我们可以借助 APP 的力量，对生活进行统筹安排。

小贴士：用软件管理时间

【Timetable】一款课程表 + 时间管理软件

Timetable 作为一款课程表软件，整合进了完成作业的功能。经过设置后，可以在每一节课前提醒需要带的书籍，也可以在课

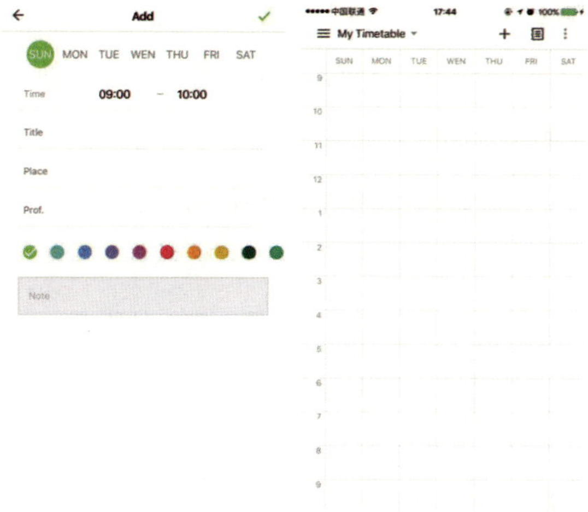

后直接提醒你记录下当堂留下的作业。

当然，你也可以开拓更多的使用方法，比如就将 Timetable 当成时间表，设定好固定的社团活动的时间，或是课题项目的时间，方便你进行宏观上的时间安排。

提高效率第一步：判断事务优先级

我们似乎很少听到学霸们抱怨“时间不够”，但学习成绩不突出的同学，倒会觉得时间总是不够，直到高考之前还觉得手忙脚乱，好像有很多知识点没有来得及掌握。

经济学家塞德希尔·穆来纳森（Sendhill Mullainathan）和心理学家埃尔德·沙菲尔（Eldar Shafir）做了一系列研究，发现那些每天看起来忙得团团转嚷嚷自己缺时间、穷得叮当响抱怨自己没有钱的人，面临着同样的问题，他们陷入了“稀缺”的困境。

稀缺的意思就是“东西不够”，在这两位学者看来，很多时候不是简单的资源不足问题，更多是心理上的匮乏。

稀缺最大的特点，就是会吸引我们大部分注意力，专注在眼前的这件事上。比如你越是缺钱，你满脑子就想的都是钱，只能想到省钱、赚钱；但你就无法顾及钱以外的事情——你就没有更多的精力去做全局的、长远的规划。一个很缺钱的员工可能会因为另外一家公司比现在的公司给出的薪水高一点点就跳槽，然后又被下一家给钱更多一点的公司吸引走，他只想一时挣更多的钱，却没办法做长久的职业规划。最后很可能的结局就是他根本无法选择对他来说最合适的岗位，可能待在第一家薪水不那么高的公司，反而能获得股权，公司成功上市之后，比他跳槽后一辈子赚的薪水都高。

如果说思维是公路的话，一旦面临到稀缺的情况，人的大脑就开始堵车，考虑问题只能考虑眼前、紧迫的事情，却无法考虑大局，也没法为长远的未来做打算。[18]

对于学生来说，最重要的就是时间永远不够。时间利用效率高的学霸，很少受时间不够的困扰，因为他们分得清待办事项的轻重缓急，能够有条不紊地达成目标。

如果把我们面临的事情用“重要”“紧急”两个维度来衡量，那么世界上的事情分为四类：

	重要	不重要
紧急	重要且紧急	不重要紧急
不紧急	重要不紧急	不重要也不紧急

毋庸置疑，大多数人都会优先做重要且紧急的事情。但是第二优先级的是什么呢？

人们迫于被周围环境催促的压力，经常把时间花在不重要但紧急的事情上。但实际上，重要但不紧急的事情才是我们应该重视的。

一旦忽视重要但不紧急的事，急着要但是对长久不重要的事，在未来就一定会为这样的选择付出代价——在未来，你还是要用时间精力去解决这个问题，到时候付出的资源可能会更多。

比如你只有一个小时，要么就去搞懂自己一直都不懂的一个知识点，要么就去赶一项老师布置的作业，但作业内容你已经掌握得非常好了，你会选择什么?

可能大多数人惧怕老师的责罚，会选择后者，因为后者看起来更紧急。实际上，对你长久的学习生涯来说，搞懂一个知识点，虽然没有人检查，却对你后面的学习有更大的帮助。

并非鼓励“叛逆”地不听课、不写作业，而是作为学生，你应该试着去跟老师沟通，是否应该把自己的时间和精力放在真正有效的学习上。

吴天然:“我是猿题库的老用户，猿辅导作为子产品刚推出时，在贴吧、空间和周围同学的安利之下，就开始用猿辅导了。最开始报名参加了一个周日的班课，学习数学和英语两个科目，十堂课下来，就觉得平台不错，用户体验也挺好。后来我就固定跟老师系统上课。直播一般在晚自习时间，我就离线听重播。有时候在课堂上，如果老师上课讲的是我早都会的内容，我就在底下会偷偷用手机听猿辅导的课程，比如谌天舒老师的英语。”

唐雪薇:“想想自己有哪些漏洞，然后按时间来补上去。具体的操作是，上课都会刷题，不惜一切代价吧。突破不会的是最重要的。物理老师不让刷题，但是不刷，成绩就下去了。后来就不听他的了。”

小贴士：用工具督促自己

【爆炸时间】一个软件告别拖延症

爆炸时间可以让你将自己的日常任务设置为一颗定时炸弹，在规定的时间内完成任务即可拆除炸弹，否则炸弹会爆炸，宣告任务失败。

可视化的 APP 能让人专注于手头紧急且重要的事物。形象化

的“炸弹”能让人产生压迫感，注意力会比普通情况更加集中，心理学把这种因为压力而产生专注、专注之后大大提高效率的现象称为“专注红利”。

提高效率第二步：找到节奏

“时间的质量比时间的数量要重要得多，因此控制你的时间质量应该引起你的足够兴趣，其中最重要的原则是充分利用的你的时间。

从本质上来讲，最佳时间是指做最佳工作的时间。也许对你来说，它是在早上很早的时候，也许在下午或晚上很晚的时候。”

——［英］约翰·阿代尔《时间管理》

1. 首先，有自己固定的学习和生活节奏

中学的生活是相对简单的，学习占据了主要部分。但学业压力也是巨大的，在有限的时间内，要面对几大科目的挑战。在这样的压力下，很容易慌了手脚。

但成绩不错的学生纷纷表示，比较规律的作息，让他们更好地把握自己的节奏。

他们之中的有些人是基本按照学校的作息来安排自己的时间的：

潘丹阳："高一、高二玩得比较多。学习还是比较规律的，也感觉没太好好学。晚自习玩玩手机、看看小说。高三学了一年的样子。高一、高二、高三，能保证每天 6:30 到 7:00 起床。晚上一般 12:00 之前睡。中午大概有一个小时的休息时间。高三晚上是四个小时的晚自习，11:30 结束。周六还要补课。

"我整个高中基本上都不熬夜，我过了 12:00 之后就开始犯困，效率急速下降。找对自己学习的时间比较重要，感觉我寝室的同学晚上背书就不会忘掉，他们那样的话也可以的。"

黄承宏："我每天 6:10 起床，然后跑步或者做操，6:30 上早自习，7:35 吃早饭。8 点到教室读书，8:20 第一节课。中午 11:30 放学，下午 2:30 到教室。一般我不会午休，中午一般都不怎么睡得着。有时候会利用中午时间做作业看下书什么的。下午上课是到 5:45，下午吃饭后 6:20 上自习上到 7:50，然后有两节晚自习，晚自习后还有晚延长的时间，一直上到 10:30。到寝室洗漱后就 11 点多了。然后有时候会写一下作业，有时候会直接睡觉。"

李晖："6:00 到 6:30 会起，然后学校有早读。晚上是 11:30（或者 11:40），也没有睡得太早。中午也很少午休，从小学起就没有午休的习惯。如果有，一般 10 分钟吧。一般中午时间如果充裕，也会利用网络听课之类的，给自己'加班'。有时中午有作业也会写。我自己其实睡多久对第二天的精力没多大影响，就算睡得晚也不会说第二天很困。临近高考，会睡得早一点，但不会太晚，也是 11:00 左右睡。老师告诉说，保持之前的作息习惯比较好。在高一、高二，学习比较松，不会太早起。赶上早读的时间点才去上课，晚上做完作业看看书就睡了。"

细节决定成败，也许按时入睡、起床和休息看起来是微不足道的小事，但是能长期坚持规律作息却有不一样的意义。

还有一些同学会选择自主性比较强的作息方案：

陈泽镕："早晨 6:45 起床，跟我同学们相比这已经算起得晚的了，然后跑步去上课。上午五节课，其中有一节自习课。早晨 7:20 开始早读，7:35 上课，一上午上五节课。午休时必须得睡一觉，太困了。下午 5:00 下课，继续去自习室自习到 11:30 左右，有时在学校自习室念书，有时去旁边大学的自习室学习。直到 11:00 左右，不学到脑子发烫，效率变低就不肯回家。跟高一、高二的不同在于，高三是凌晨 1:00 睡觉，高二是 11:00 睡，睡眠时间减少了挺多。而且高二时是一帮同学一起去自习，高三反而变成了一个人学习。”

徐弘笛："早上 6:30 以后起床，在校外和同学合租，因为学校给的时间很短，不想在学校晚自习，希望自己安排，早上起床后 7:10 分左右到校，开始早读。课间不怎么学习，下课不喜欢学习，因为平时很累。12:05 下课，先吃饭，排队时间比吃饭时间久，五分钟可以吃完。在教室午休，和别的同学不一样，还有一个小时的学习时间，一般用来做英语的练习，到了大概 1:30 睡觉，到 2:10 起床，2:30 上课，下午 5:15 下课。高三锻炼很少，放学后偶尔锻炼，吃完饭就回去晚自习，因为学校很吵，回去可以自己安排时间。一般先写作业，有时候也会在猿辅导补习自己不足的地方。”

游凯超："我作息基本上比较规律。我在实验班，大概的计划是，作息比较稳定每天晚上 12:00 睡，中午回休息半个小时。会上晚自习。”

2. 其次，合理分配科目的学习时间

高考不仅仅是考查某一科的成绩，而是全面考查对各个科目的掌握情况，以及在此之上的综合能力。在每个科目之间，总会遇到如何分配时间的问题。

对于大多数人而言，并不是每一科的成绩都很均衡，很多人甚至还有偏科的问题。有人平均用力，想让每一门科目都同时进步，也有人竭力补弱差科，想要补齐短板，还有人担心，补弱差科本就很难，同时要保持优势科目的好成绩更是难上加难。最坏的情况是，弱差科没补上来，优势科目的成绩反而下降了。

那么，学霸们是怎么解决科目间时间分配的问题的呢？

李金格："这个是我们一个大神在班会上推荐的办法。高中学的科目比较多嘛，比如每天晚上你每科分配时间 40 分钟，你想你每天写完这些作业，每科 40 分钟半个点儿，你有可能学不透。比如说数学不太会，你有可能 30 分钟搞不透，那你今天晚上多花一些时间搞数学，你今天一定要把今天的事情弄明白。比如说我做数学题，比如导数什么的很难的时候，用一个小时把那些都弄明白了，但你挤占了别的科目的时间。这个时候你看一下第二天上课的课表，把时间排好，上午上那些课的东西你一定要弄会，下午课的那些用午休，或者用下午课间弄会。我觉得这样效率非常高，因为我们做作业一定要把它弄会，不然我可以选择不做，我去玩，我更不要抄作业。”

陈泽镕：“在自习的时间里，我也不是把时间均匀分给六科的。我在生物和化学上花了大量时间，因为英语基础比较好，所以把做英语题当成做理科题之间的休息，换换脑子。我高中是晚上20:30就不允许人出去了，但我有一次学的太投入忘了时间，就被关在学校里了，最后只能找班主任帮忙，和保安求了很久的情，才放我出门，也是印象比较深刻的一件事儿吧。”

李　晖：“高三寒假，除了补课，按照学校的课程时间，比如给自己安排了数学课、语文课、物理课之类的。开始是这样安排，后来有规律的计划发现会有问题，越到后边计划越难完成。后来及时调整，每次只安排两项，完成之后，再继续安排两项。比如，语文早读30分钟和背英语单词15分钟，完成之后就在计划本上打钩，之后再安排听物理课等。大年初一和除夕之外，每天其实都是在有自己的学习安排。起床会晚一点，在7:00到7:30起，晚上11:00睡。寒假的规划呢，有‘计划安排本’，给自己写小计划，一项一项打勾。这个从高三暑假开始。我自己的学习计划是随着高三学习进度的变化，来及时调整的。”

吴天然：“在对六科的重要性、难度和掌握程度等要素进行综合考虑后，我每天分配在六个科目的时间比重基本按如下次序：英语 > 数学 = 语文 > 政治 = 历史 = 地理。我觉得，科目平衡远比某一科的成绩突出更重要。我一般不会做每日或者每周的计划，一般都是在开始做一项任务的时候，同时考虑接下来要做哪一项任务，这样做一是因为不想用条条框框来约束自己，二是不想因为一心图快而忽视了完成任务的质量。”

马晓龙：“我一般 5:30 起床，然后花半个小时背一些单词和课文，到高三给自己加了一篇英语范文，每天背一篇英语范文，然后开始正常上课，中午会做一份英语周报，都是写完之后去吃饭的，因为我做英语卷子比较快。四五十分钟。午休。到下午课外活动，我特别喜欢朗诵，所以就是读政史地的课本我特别享受朗诵的过程，一遍遍地朗诵就记住了。所以就将历史三本书，必修的，反复读了六遍，通过读，理解，来熟记于心。我给每一门都留一些时间，比如数学的话，及时有问题做完，也是换下一门继续学习。”

潘丹阳:“没有列过时间作息表、试卷分析啊，都没有。平时我的学习状态是，我不爱记笔记。我的天赋会接受会快一点，但是会需要练习才能达到熟悉。高三时做题看东西比较多。上课时候，很多科目会跟着老师。有的会自己来做，因为老师讲得自己听不懂或者太催眠。数学对我来说比较容易。我的学习习惯比较好吧，可以说。会有意识的把自己的自习时间分给某某科目，会温习复习比较多。”

3. 提升对大方向的控制感

在不断重复的日常学习中，高三学生最爱问的问题就是：如何把握好自己的学习方向?

大多数人都在担心，自己虽然在脚踏实地地努力，却并不是朝着一个正确的方向。

如果完全跟随老师的脚步，很容易变成一味地跟从，而丧失自己对自己负责的感觉。

在跟随学校计划的同时，不要沦为学校进度的“奴隶”，而是要保持自己的主动性。

王志鑫："我从高二下学习开始，以时间为轴，有自己的一个体系在学，不断循环，并不是很散漫地学，有规划。我会经常和老师打交道，问老师自己会的问题，但是他会讲出来一些你意外的东西。"

李　晖："在一轮复习的时候，主要是跟着老师的大计划，但还是有自己的小计划，在一些薄弱环节更多突破。第二轮开始自己的计划更多，邻近高考时，大部分是在做试卷，老师讲试卷进度也比较慢，所以和老师们商量过，自己一个人在自习教室做试卷。所以高考前那段时间，我其实在楼上自己写试卷，偶尔是去看老师的试卷解答。老师讲的试卷我在课外已经完成，在课内就做自己的事。起初是说，先试验一段时间，看成绩在说。数学老师起初不答应，后来通过班主任说服。"

董小双："我的父母都是老师，他们没有给我太大的压力，我在学习上比较主动，有自己的计划。我会有一个自己的计划本，我会根据学习的进度给自己做计划，比如：如果这个月有模拟考试，我就会对这个星期的计划重点安排，尽量把计划安排到精细到每一天，每一科，每一个练习。我哥哥帮助我摸索出了一套属于自己的方法，老师来每轮的复习会给我提供一些经验，再加上自己的实践。我从老师那里获得了大方向，比如有哪些知识点会考，哪些是重点，我会自己翻阅参考书和习题，在这过程中，我会慢慢发现经常考的考点，在以后的复习里不断强化这方面的记忆。然后再总结经验。”

陶　然：“备考，和学习基本是区分开的。到高三才意识到要高考，有紧张感。假期就开始做计划，有这个习惯，每周都是，有计划表。假期时，每天安排两科，周末就是上午几科，下午几科。回家先刷猿题库，然后开始按计划学。课余大部分时间，基本90%在备考。”

李金格：“其实你上课下课老师没有在讲重要的知识，或者留时间给你自由地看一些东西，这个时候你就继续赶后面的作业呗，就做事情呗，这样高效地利用时间，才会有效率。你要思考一下第二天排的时间，不要赶不上。你要看上午上什么课，哪个老师比较恐怖，你一定要把他的作业写完；下午的再说下午的。有的不是特别难的，你上课听得不是很懂的那种，你就可以排到后面去做。时间上难度上自己考虑下就会好了，只要你心里有数就都可以实现。”

孙凝翔：“自己的整套学习体系和老师不一样，也和别人不一样，包括自己的生活特性，对应试的方法非常个人化，觉得找不到任何人支持自己。偶尔觉得网上有几个很好的老师，在做题上对自己的没什么帮助，但是在某些可能偏激的观点上和自己很契合，就很喜欢。”

陈泽镕：“学习上的大方向，我一直跟着老师走。老师白天上课讲，我自己晚上做与之相关的习题，复习一下，这样更有效。但有的学习方法，我会用自己的方式，而不是一味地跟着老师。英语老师有一次叫我去介绍学习经验，我就巴拉巴拉讲了自己的方法，讲了应该猜词，应该用词根去推断。但老师每次讲阅读就只是翻译，而且老师说的是做阅读有套路，什么什么文看头，什么什么看尾，感觉还是自己的方法比较好用。”

提高效率第三步：劳逸结合，张弛有度

机器用久了会磨损，电池的电量总会耗尽，人的生命总是有限的。连续运转的机器会更早报废，无节制地使用电池会加速电池老化，无限地透支生命也会让人失去活力。

佛罗里达州立大学的心理学家罗伊·鲍迈斯特通过的实验发

现，人的自控力就像是一种能量一样，是有极限的，会随着时间的推移而消失。每次自控成功之后，人反而会变得更加放纵。比如说，一旦时间过长，控制情绪不仅会导致情绪失控，还会促使人们过度地买买买或者吃更多奶油蛋糕之类的甜食。

鲍迈斯特把自控力比喻成肌肉。肌肉过度使用会导致疲惫。如果你不让肌肉休息，就会完全失去力量，就像运动员把自己逼到筋疲力尽时一样。很多你认为不需要意志力的事情，其实都要消耗能量。如果你连续地逼迫自己学习，让自己集中注意力，一定会导致专注程度不断下降。[19]

对于学生群体而言，学习压力无疑是巨大的，但是这并不意味着一天 24 小时都要花在学习上。既然人的自控力是有限的。如果把一天的过多时间都投放到学习上来，不仅会造成学习效率的低下，还会使得自己产生某种程度的厌学情绪。

每个人在不同的时间点的效率是不同的，有人早上精神好效率高，有人下午开始才有精力做事，在不同的时间点对时间的利用质量会有很大差异。每个人都应该找到自己利用起来最有效率的时间点和时间段，集中精力做事，在效率降低的时候适当休息，这样才能长久地保持良好的状态。

所谓的学霸，也就是比一般同学更加明白劳逸结合的道理，明白张弛有度的重要性。一方面不会因为贪恋玩耍而“玩物丧志”，另外一方面也不会因为为了提高成绩极端透支身体。

他们是如何保证学习和休息之间的平衡呢？

陈泽镕：“高中花在学习上的时间还是挺长的，周末也基本都是泡在自习室。唯一能坚持的课外活动就是打篮球。一周三次的体育课、体锻课都是宝贵的打球时间，虽然班主任挺希望我们在教室上自习，但我们还是冲出去玩儿，劳逸结合嘛。”

马晓龙：“课外活动每天下午都有，每天都有时间来放松自己。周日一定会吃一顿好吃的犒劳自己。高三时，周一和周六一般会很累。他们 7:00，我 11:00 起床，然后去吃一顿好吃的，然后美美地去上晚自习。”

适当的休息是必要的，不要等到自己变得疲惫不堪的时候再休息。“记住，在疲劳变得严重之前治疗它能节约更多的时间。疲劳越少，你完全恢复所需要的休息时间越短。”[20]

吴天然:“我学不下去，感到困倦或者状态糟糕时，我通常会看东野圭吾的小说来放松神经。从最早的《白夜行》开始，断断续续地坚持下来，一共看了 11 本东野圭吾的小说。玩手机游戏也是我的放松方式之一，比如《奇迹暖暖》《梦一百》之类。”

李金格:“白天的话，中午大块时间我不会用来睡觉，我会穿插着有一节课下课没什么大事就睡。甚至有一年每天下午第二节课大课间，我每天都固定地睡十分钟觉，下午觉。睡醒了还可以刷刷题或者玩。大块的时间可以用来做想做的事情。偶尔补补觉效率是有提升的。周边也有同学交流这个，会说我好困、睡不醒啊怎么办，大家也会想一些办法。我觉得可能补补觉睡一会儿会好一些。高中真的很累啊，经常有人下课就倒，下一节课就醒。挺好的。那种人基本上一问都是前一天晚上两点钟睡觉，就算他不说你也知道他是那么晚，因为看起来好困的样子。然后我有的时候熬得太多的话，人的精神头儿是，如果你第一天睡得太晚，第二天反而会很精神，如果你三四点睡，第二天补觉都不用了。但是这样不能持续，第二天你一定要恢复到比较正常的作息，不然就会接下来效率不太高。都是摸爬滚打着摸索出来的规律。”

提高效率第四步：零碎时间，利用起来

每年在元旦这一天，每个人都会被给予 365 张纸币—— 365 天：区别是你如何花掉他们。

对于中学党来说，最重要的一课就是“时间投资经济学”。

不要以为 365 天都一整天一整天地度过，你还要注意分分秒秒的零碎时间——除了大面值的纸币，零碎的硬币也需要积攒起来。

但是，在碎片化的时间内啃厚重的资料书并不是一个明智的选择，而且非常不便。还没等你投入学习状态，可能就会被打断。

因此，零碎时间最好用来刷题、记单词或者背书等不需要很长“启动时间”的活动。也许只是做出一道单选，记住三个单词，或者书上的几句话，但零碎时间日积月累，成就也会达到一个惊人的总量。

随着互联网的发展，各种学习软件层出不穷，成为了零碎时间内学习的好帮手。

小贴士：把零碎时间变废为宝的神奇 APP 推荐

【Pocket】即时保存，后阅读，知识储备

Pocket 是一款便于即时保存内容，便于离线阅读的软件。如果看到一篇好的文章，一段吸引自己的视频或者一个想打开的链接，而又没有时间的时候，Pocket 能帮你很好地解决这个问题。通过 Pocket 保存的内容可以在手机、平板电脑和计算机之间同步，这样可以随时查看这些内容，没有网络时尤其方便。除了保存功能，Pocket 还可以将自己喜欢的内容推荐给朋友和粉丝，也可以收到关注用户的的推荐。对于中学生群体而言，可以将其当做一个知识收藏的利器，在遇到自己感兴趣的知识时，可以随手保存，便于以后遇到问题时查看，长时间积累下来，也是一个不错的知识库。对于学习而言，大有裨益。

吴天然：“我高中做社团嘛，现在想想，觉得学会管理很重要。管理分两个层面：一是在社团中作为领头人要懂得把活动的内容和形式细分下去，使得其他同学清晰了解到任务，如此才能保证完成效率。第二是对时间的管理，学习时间被压缩之后变得更加珍

朔风吹散三更雪
菩萨蛮·朔风吹散三更雪
新浪微博
腾讯微博
Pocket
更多
添加书签
加入阅读列表
拷贝
取消

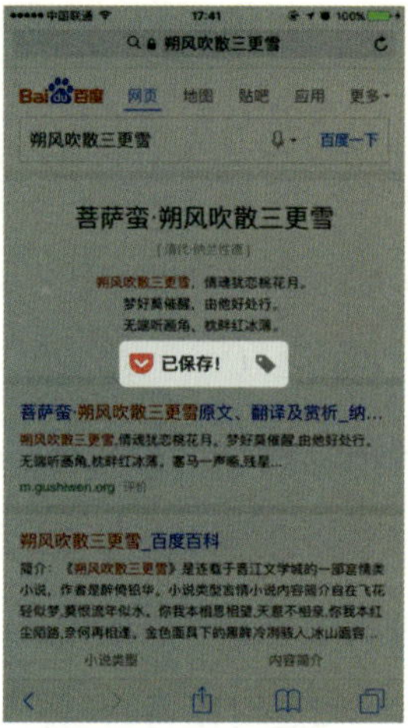
朔风吹散三更雪
菩萨蛮·朔风吹散三更雪
已保存!
朔风吹散三更雪_百度百科

pocket
菩萨蛮·朔风吹散三更雪_诗词_百度汉语
m.baidu.com

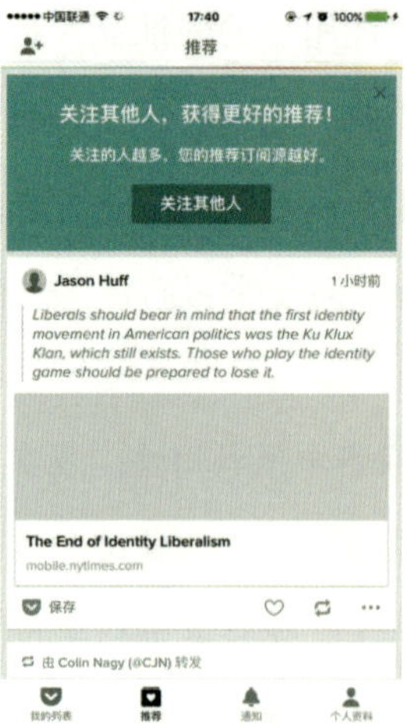
推荐
关注其他人，获得更好的推荐！
关注的人越多，您的推荐订阅源越好。
关注其他人
Jason Huff
1小时前
Liberals should bear in mind that the first identity movement in American politics was the Ku Klux Klan, which still exists. Those who play the identity game should be prepared to lose it.
The End of Identity Liberalism
mobile.nytimes.com
保存

贵。太忙了，我后来干脆就学会了利用零碎时间学习，这也是我最开始用网课和手机APP的初衷，就连吃饭、刷牙、课间这样的零碎时间，都利用起来。”

李金格：“我觉得时间是可以挤的。总说自己特别忙的人其实不会很忙，真正很忙的人其实不会说自己很忙。有时看朋友圈有人说自己每天超累，但我觉得还好啊，我觉得他们的生活是OK的。高一、高二时每天正常的作业完成之后，我就晚自习看书，还好没有撞上过校长查。计划特别重要，比如你最近在学《政治史》，我觉得最近真的需要看这本书，我这一周一定要把这一本看完，你就不要拖，也不要一天看太多，或者这三四天，你就学这个的时候就把这方面这本书看完。你甚至可以晚自习就专心地看这本书，作业还用刚才那个办法，尽可能灵活地把作业赶上。

“我觉得猿题库真的是一个神器。它地理的那个图比练习册上好看，选择题可以点选选项，不用去写，写很累。而且QQ随时来个消息还能回一下。就是什么都集成在一个上面，效率很高。地点很灵活，我可以随时做，点‘随时练’，点普通的专题智能练习，有10道题，下课10分钟肯定答得完。或者你有两三个空闲的下课时间，你可以做短文改错，你一天就可以比别人多做两三个短文改错了。这是一个多么大的数量啊，而且它有错题整理啊！我们也跟身边考得特别好的同学，省实验什么的，我们交流过都觉得错题本效果一般。小猿就很棒，错题自动整理。地理什么的不是很爱听的课，不爱写的作业，就都在上公交车的时候刷的题，所以别人看我总是在玩。不过也还好，我不 care。这样刷题量就比较大，一天一百多道，错题自动整理出来，再做再错再做，这个整理比你那么做错题好很多，效率高，你能真正再做一遍，你要是拿本儿的东西，做一遍再翻解析，很麻烦。能快的事情就不慢着去做，珍惜时间。

“早上给自己多留出一些时间，路不太堵什么的，进学校还能再刷猿题库，坐出租车还能刷猿题库。”

董小双：“在学校我一般会在睡觉前用手机上一会儿网，放寒暑假的时候我大部分时间会关注时事，或者用学习软件。我用小猿搜题比较多，因为上课时候，老师会针对一道题讲解很多，时间就花费很长了，所以我在下课的时候，会有针对性的从小猿搜题找同类型题来看相应的解答。”

马晓龙：“高二、高三一直在使用猿题库，因为买很多资料书很贵。每天中午醒来做 10 分钟题。数学老师出了一道题，大家没解出来，但是说自己回去可以查资料之类的。然后有一道题和老师出的差不多。后来考试遇到了，我顺着小猿搜题把它推理出来了。因为看过，一步步推出来的。老师后来就问我怎么做出来的。英语因为有英语周报，所以很少用。但是其他的用的还是很多的。基本每天都在用。”

黄承宏：“中午差不多半个小时到一个小时，晚上就看情况了，晚上也不会超过一个小时。偷偷告诉你，有时候上网就是在做猿题库里面的题目。”

如果你想要某事发生，你必须创造时间并给它时间。既然想要提高成绩，就要挤出时间在提高成绩上。

小贴士：25 分钟的番茄工作法

不知道自己宝贵的注意力都去哪儿了，试试看“番茄工作法”吧！

番茄工作法是弗朗西斯科・西里洛于 1992 年创立的。

他在大学生活的头几年，曾一度苦于学习效率低下。“于是我和自己打赌，下猛药，狠狠鄙视自己说：‘我能学一会儿习吗？

真正学上 10 分钟？’我得找个计时教练，谁来替我掐表呢？后来我找到了，是一枚厨房定时器，形状像番茄一样。就这样，我邂逅了我的番茄钟。”[21]

所谓的番茄工作法就是，列出你当天要做的事情，从第一件事情开始做。

开始做事情的时候，设置 25 分钟闹钟——这 25 分钟被称为一个番茄时间。在这 25 分钟内，你全神贯注地做这件事情，25 分钟之后无论事情完成与否，休息几分钟。连续工作 4 个番茄时间之后，再进行比较长时间的休息。

实际上，根据心理学家的研究，青少年能够高度集中注意力的时间，确实也就是 20 分钟左右。

每个 25 分钟的学习之后，无论是否完成了手头的任务，你都该为自己感到骄傲——瞧，多么充实的 25 分钟，这段时间内，是你真正专注高效的一段时光。

如果怕用手机计时器会忍不住划开屏幕继续聊 QQ，可以考虑在番茄时间内帮你锁住手机的 APP，例如嘀嗒番茄钟。

嘀嗒番茄钟的基本功能就是利用番茄工作法，也就是设置 25 分钟番茄时间，集中精力做事，然后休息几分钟，接着继续下一个 25 分钟的番茄工作时间。APP 内界面非常简洁，其中的时间、颜色、铃声和通知文本等都是可以根据自己的喜好定制的。同时，你的使用数据都会上传到云端，卸载重装也不用担心记录丢失，并且会建立自动统计表格，帮助你分析自己的最高效率时间段。嘀嗒番茄钟还加入了社交功能，你可以查看好友的使用情况，一起提高效率。除此之外，这款 APP 还自带白噪音（一种帮助你在嘈杂环境下更加专注的声音）。

· 目标导向：高考，我们要一个高分

以结果论英雄的考试，不欢迎“自我感动”

高考作为考试的残酷之处，就在于以成败论英雄。

谁的高三不努力呢？

然而努力不一定有成果，高考，是个以结果论英雄的考试。

有的同学在高一、高二学习非常刻苦，成绩非常优秀，十次考试能有九次获得第一名，奖学金拿到手软。一直以来也是同学们夸赞的对象和学弟学妹的榜样。但是，一贯优秀的他到了高三成绩却直线下降，不仅很难再考第一，甚至只能偶尔考进前五

名。本人当然更着急，明明高二期末考试还是第一，怎么到了高三就成了这个样子。于是学习更加努力，但是，无论怎么付出，成绩再也没能枯木逢春。最终的高考成绩一出来，成绩自然不好看，离他高一、高二时梦想的大学差之千里。

于是，质疑的声音接踵而来。有老师说，这个同学高一、高二太顺利，没经历过挫折，这个结果也是情理之中；也有老师说，是因为高一、高二谈恋爱，导致他高三的成绩下滑；甚至还有老师说，这个同学高三不努力，所以被别人反超了……。或许造成他成绩下滑的原因很多，但是残酷的是，没人会关注这个，只有成绩才是唯一的论据。

是的，高考，从来都是一场“成王败寇”的战争。

孙凝翔：“对于课堂的学习和高中知识的学习不能评判本身的意义大小，但是对于这个年龄段来说意义很小，因为为了标准化考试重复无意义的事，需要占去大量时间。这个意义上的学习，对我自己高三后半期影响比较大，之前过得很舒坦。”

正如苑子文和苑子豪，这对著名的北大双胞胎，是许多中学生崇拜的偶像。他们成绩优秀，考入了北大，头顶着学霸的“光环”。但荣耀的背后，是他们付出的辛苦努力。苑子文和苑子豪读小学和初中的成绩都不好，进入高中后考到 100 多名，而且都是体重 170 多斤的小胖墩。但是两兄弟并没有自暴自弃，而是制定了计划，开始了逆袭之路。他们平时互相竞争，一起执行制定的计划，不仅成绩逐渐上升，体重也减了下来，真正成为了最帅的双胞胎学霸。成为青春励志偶像的两个人，写了好几本书，分享了自己的成长经历和感悟，给了中学生们无限的憧憬与鼓励。他们的确是成功的典范。

但是我们在佩服和感叹之余，也应该思考，如果苑子文和苑子豪没有考上北大，没有瘦身成功，那他们只是双胞胎学霸，而不是“逆袭成功的偶像学霸”，他们还会受到如此多的关注吗？

答案是显而易见的：不会。

考上北大和颜值逆袭，是他们被视为成功者的根本原因，而人们通常会把目光投向那些成功的人。考上北大和颜值逆袭之中的任何一个目标的实现都实属不易，而能同时达到两个目标的人更是凤毛麟角，双重的成功带来的自然是更多的赞誉，以及更高的关注度。

你很努力，但不要被自己努力的过程感动得泪流满面，而是要多多关注知识掌握情况和最终能达成的成绩——你要让最终的高考结果配得上你的努力。

心理学研究，对成功的幻想反而会阻碍人获得真正的成功。你想象着自己考上北大的情景，你的大脑就会释放出让你开心的物质，就仿佛你真的考上了北大一样。你在幻想目标达成的过程中，会获得满足感，这种想象反而会让你产生惰性，并不会真的有效地为目标拼搏。

少一些对成功结果的幻想，脚踏实地地把目标拆分成各个要求，一步一步地满足各个要求，你会发现成功并不远。

陈泽镕：“我从来不会觉得自己感动自己，反而如果一直挺努力但还没啥成效的话，反而觉得有点着急，学习时间不是衡量标准，学习效果才是。”

把高考像游戏一样分析

高考是一场游戏，有游戏规则。这场游戏的胜利者们，从规则中走出，却没有被游戏规则本身束缚。他们明白首先是要适应规则，当自己在规则下足够强大的的时候，才能跳出规则的藩篱。

唐雪薇："我在高考中最大的收获是，顺着这个规则，走到最前边，才能掌控这个规则，才能摆脱它的操控。"

优秀的学生甚至会试着分析高考的游戏规则。

他们没有拘泥于知识点本身，而是去思考命题人的命题意图，分析为什么会考查某个知识点，或者为什么会这么出题，对命题追根溯源。

孙凝翔："在解题方法上和重点难点上，我一开始也没有方向。高三后期的十二月份开始，我会给同学讲题，因为自己是历史课代表，会自己上课，需要进行准备。但是自己意识不到难点和重点，需要去教育部网站查询题目正确率和选择率，才能判定这个版块是不是很难。但是自己并没有太多这方面的需求。一般是自己出题让同学做，然后讲课。实际上这个讲课就是讲自己出的题，同学的反响还可以。”

这是很多高中生在做题的过程中所不具备的特质——优秀的学生往往更注重的是在了解规则的情况下，再对知识点进行梳理和掌握。

LEARNING
REVOLUTION
你为什么不是学霸

本章小结

- 在线教育能减轻当面教育带给学生的压力。
- 对学习有兴趣，才能热爱学习。
- 时间就是金钱，效率就是生命。合理的学习和生活安排能极大地提高效率，事半功倍。
- 高考以成败论英雄，成功之前没有自我满足的理由。

13号学霸：游凯超

毕业于临川二中
清华大学软件工程专业

参加竞赛，拿到清华大学的降分录取资格，并且成功进入清华大学学习，来自江西临川二中的游凯超面对自己的成绩显得很平静。这对成绩一贯优秀的他来说，不过是意料之中的事情。游凯超的目光已经投向了大学后的学习生活。

对于考试，游凯超说心要放宽，不要让自己脑袋空白。要进行重复的筛选、记忆。最后在考前看笔记，心理也会踏实一些。

猿辅导："高考紧张吗？"

游凯超："刚进去的时候紧张过，后来平静下来了。因为考场开放的时间晚了，大家一起聊了会儿就好多了。心里唱唱歌啊，这类的都会好多了。考试刚开始那段时间，千万不要让自己脑袋空白。心理一直念着，不要多想，每做到一分就是赚了一分。"

猿辅导："看样子你发挥得不错啊。"

游凯超："作文有些头疼，语文考了中等偏下吧，作文写得不好，大阅读失分比较多。”

猿辅导：“后来分析原因了吗？”

游凯超：“其实语文到后来重点去看了古诗词、文言文，作文也训练了。比如语文找了一整套的诗词来做。后来高考的阅读还是没有理解，有点看不太懂，感觉控制不住它的答案。”

猿辅导：“但好在结果是好的，不过这么好的成绩，你好像有些波澜不惊啊。”

游凯超：“因为考上清华是意料中的。对家人的影响也不大。考上还是很开心的。对他们而言，只是自豪感，对生活的实际影响不大，就是送一个孩子去上学了嘛。”

猿辅导：“看来你对自己的成绩很有信心嘛。那你平时的话，是怎么学习的呢？”

游凯超：“我会有一定程度专门对高考的备考。做题主要是加强对某知识点熟练掌握的程度。不熟的时候就要去做很多啊。我现在学软件工程倒是基本没什么题。”

猿辅导：“那你课外的话，会看一些别的书吗？”

游凯超：“课外的学习，就是人文修养和精神方面的。”

猿辅导：“这样挺对的，很多理科同学会比较忽视人文素养。”

猿辅导："那爸爸妈妈对你的学习有什么要求吗？"

游凯超："学习基本是我自己来安排。他们给我解决后勤问题，之前洗衣服、刷鞋子都是父母来做的。"

猿辅导："那父母对你的照顾真是太周到了。"

当然，学霸也有压力大的时候，游凯超说，自己压力最大的时候就是高一，因为当时全部课程都结束了，也就是高一把三年的课程都学了。这种强度的确是很大的。

猿辅导："强度这么大，你怎么安排自己的学习呢？"

游凯超："安排时间得分配好，有大概的时间，语文发觉自己文言文不行了，就针对这个问题看该怎么解决。我买过一个关于古文的大学课本，基本都记了一遍，然后基本都能看懂了，一遍可以顺。语文和英文都是，比如猜词题，我都会把整个的完全给记住，生词量要大，而不是说按老师那样有什么猜词。"

猿辅导："还有吗？"

游凯超："还有笔记。有做错的，有不懂得技巧，有记忆价值的都会做笔记。还会删减，不断地看，不断删。对我的学习帮助挺大的，每个题都有做错的原因。我觉得学习是一种态度吧。我问老师问得比较多。"

后来学习任务逐渐繁重，基本上每周都有试卷。游凯超把试卷带回家就会用小猿搜题把答案解决掉，用它来提高自己的效率。他会自己先把试卷做完，做完了之后，答题卡就交上去了，然后自己把试题卷带回家。有些有疑问的地方，就用小猿搜题把答案拍出来，这样在老师讲解试卷之前，自己已经基本把它弄懂了，等到老师来讲试卷的时候就可以有重点地听了，有些自己已经弄懂了的就不用听了。小猿搜题在游凯超的学习过程中起到了很大作用。

猿辅导："那你有自己的应试技巧吗？"

游凯超："做题的时候，把第一次出现的题都记一遍，之后出现的频率高了，就留意它，其他的就删掉好了。"

猿辅导："那高中阶段有没有遇到成绩波动的时候？你是怎么渡过这一关的呢？"

游凯超："有一次生物和语文都考得比较差。基本上我也没太在乎成绩，都有点忘了，是哪次考试。能灵活应用知识点，题就算做到恰当了，目的达到了。其实我的成绩，基本上比较稳定，算是比较扎实，会预习、复习。上新课，如果很多东西不知道，就要多做准备了。现在的做法，我觉得对我已经足够了。"

猿辅导："当初为什么选理科呢？"

游凯超："很早就打算学理科了，因为自己的思维逻辑关系吧。文科人很多思维我理解不了。当时初中没有文理分科，都要考，那时候的经验是感觉文科类的不能很定量的评估自己的成绩。不像理科，可以知道自己哪里错了，哪里对了。喜欢自己能控制的这种感觉。"

猿辅导："明白，就是硬性的得分控制得好，软性的就无法下手。"

游凯超："对的。"

在班上，游凯超的成绩是远远超过其他人的，他说缺少可以竞争的对手。但是游凯超也说，自己有时会羡慕体育好的同学，比如篮球打得好的同学。"我比较羡慕他们的生活状态。佩服的话，我还是想要说是精神方面的，周围人很少给我展示人格精神方面，也不会怎么样就佩服对方。"

猿辅导："那你和班上的同学关系怎么样呢？"

游凯超："平时一起玩的朋友比较多。也有知己吧算是，也是什么都聊。"

游凯超说，自己在竞赛之前有点迷茫，因为不知道会取到什么样的成绩啊。后来试着尽量让自己定位清晰。

猿辅导："除了学习，平时喜欢做些什么呢？"

游凯超："听听流行音乐、纯音乐啊。喜欢胡歌，因为之前喜欢《仙剑奇侠传》。但是很久都没怎么看过电视了，感觉电视剧太套路。《权利的游戏》，看了一点，太血腥了。《生活大爆炸》看过一些。英语的话，平时看报纸看一些。还有玩游戏。玩《三国杀》，玩小游戏啊。但是基本没玩过网游，现在想自己做游戏。因为有学长在之前的讲座中分享过，说自己做过什么游戏，感觉很有意思。对玩游戏感觉没什么兴趣。现在很多人比较喜欢玩桌游，我也搞不懂为什么就加入了。"

猿辅导："那你有什么喜欢的书吗？"

游凯超："平时看书不多，每天晚上会抽出半个小时看书。高三也抽空，保持这个习惯。高中老师最早要求每天学生轮换着推荐一本书，我就从那时开始的。推荐书是个难事，分人。《追风筝的人》，我看过觉得不怎么样。看完就是了解了下另一个文化。灵魂的解放啊，这类的，我没看出来。我喜欢三毛，《撒哈拉的故事》《平凡的世界》《穆斯林的葬礼》。偏人物经历的，偏思想性的不多。《资本论》，我觉得可以尝试看，很多人推荐。《平凡的世界》感觉很真实。史诗性的，把所有的都囊括起来。《瓦尔登湖》看不下去了。因为他散文思想性的这种，大面积地写景，很难进入其中啊。”

猿辅导：“对未来有什么打算呢？”

游凯超：“完全对未来茫然，是很可怕的事。当然，现在要目标清晰还得过段时间。有时会觉得人生比较短，就得抓紧做事了啊。但凡事还是要把握一个度，比如前段时间有学长猝死了，可能是学习过度了。平时锻炼啊，各种，都是自己需要注意的。”

猿辅导：“对你而言，人生中比较重要的事是什么？”

游凯超：“重心的话，是在学术这方面提高自己，应该以后会是科研型的人吧。以后会想继续读博士、读研。所以我挺崇拜邓稼先的，因为它在中国国势衰弱的时候回来。和现在差不多吧，但我不会有偶像和类似人生偶像之类的。”

猿辅导：“为什么呢？”

游凯超：“可能我内心建设能力比较强？有的人会经常有偶像，因为很多人都是在人生路上有很多矛盾。但是我困惑比较少，生活比较单纯，也没有失恋方面的问题。”

想做研究的游凯超有很强的总结归纳能力，他自豪的事是

“自己钻研出了一些大师们的理论，感觉非常有自豪感，也不用说什么钻研出了大师的理论吧，这样说有点夸大的感觉。就是比如做的一些题，然后发现这道题可以拓展成某些东西，就继续深入研究一下，日后发现这就是某一个结论”。

14号学霸：袁祉祎

毕业于青海湟川中学

北京大学光华管理学院

略带腼腆，却又不失风趣的袁祉祎，以西宁中考第三名的成绩考入青海的明星高中；初中开始瞄准北大，高中怀抱光华梦，高考结束后顺利被这所竞争最激烈的学院录取。小提琴学了11年，考到9级；与同学相处融洽，受到老师的喜爱。他说：我大概就是那种“别人家的孩子”吧。

猿辅导：“考上光华这么困难，在达成这个目标的过程中，你觉得有哪些重要因素呢？”

袁祉祎：“我觉得最终要得应该是对于学习的热爱吧。”

猿辅导：“是因为自己一直成绩好才喜欢学习还是因为自己喜欢思考问题呢？”

袁祉祎：“因为我觉得，能够学到很多东西的话，就会觉得很开心，自己觉得很充实，而且学习也是一个完善自己的过程。应该是我自己喜欢思考问题，想要明白更多，发现更多。我对学习的兴趣很小就有。”

谈到里约奥运会上游泳池变绿，他细致地解释其中的化学原理：人们凭借压强从吸管中汲取饮料，坐在公交车里拐弯时身体不由自主转向反方向。这些生活中的小现象都让他思考与所学知识的关联。拥有一颗不止歇飞速转动的大脑，也是袁祉祎的制胜法宝之一。

猿辅导：“嗯，看你这次高考成绩，感觉语文考得好像不是很理想啊。”

袁祉祎：“对啊，平时自己一般都是一百三十分以上，这次只有一百零几。挺遗憾的。”

猿辅导：“是做题出了什么问题吗？”

袁祉祎：“应该是的，考语文稍微有点不顺，跟平时的考题不太一样。这跟学校组织备考的准备也有关系，班上很多同学都在语文上吃亏了。”

猿辅导：“你喜欢语文吗？”

袁祉祎：“我自己是真正的喜应欢语文，因为有很多吸引人的东西，比如古诗词，有自己独特的美感。”

猿辅导：“那你选光华的原因是什么呢，填志愿之前，有在网上查过资料什么的吗？比如知乎？”

袁祉祎：“我没有在网上专门查过就业前景，但是了解过光华会学什么，这方面也是自己比较感兴趣的。”

猿辅导：“那你考虑过中文系吗？”

袁祉祎：“我觉得中文的话，可以考虑以后修双什么的。自己也更喜欢金融，选光华是因为兴趣，也有就业因素。”

猿辅导：“进了光华以后，你有什么新的感受吗？比如和以前有没有什么不一样的地方？”

袁祉祎：“上大学以后，还是觉得光华很棒，因为有很多优秀的同学，压力也会有，但是给了自己能够继续努力的环境。而且北大食堂比高中好吃太多了，风气也很自由开放。”

要造就一个学神，基础的配方，除了过人的智力，几乎都需要沉稳的坚持力和无坚不摧的耐心。袁祉祎吻合了这一点。高中前两年，他每天晚上 11:00 入睡，早上 6:00 起床，午休一小时，完成所有作业，雷打不动。

猿辅导：“你高中的时候是怎么安排学习时间的呢？”

袁祉祎：“早上起来一般都有早读，抓紧晨读时间，不太熟悉的篇目一定要读一读，长期积累下去，该记的都记住了，不断重复。”

猿辅导：“平时跟老师多一些还是自己学得多一些呢？”

袁祉祎：“老师会给一些拓展，自己也能有收获。老师的作用在高中还是比较大，但是不能完全靠老师，很多还是要靠自己，自己可以有小目标小计划，但是要服从老师的安排，因为老师毕竟是富有经验的。”

高二时，袁祉祎的成绩有小幅的下滑，这对于一向名列前茅的他来说，是一个不小的打击。他感觉迷茫、慌乱，不知从何着手加以改善。这时，化学老师，一位退休后被返聘回校园的女士，成了帮助他的一位关键人物。她关心每一个学生，考试过后帮每位同学分析考卷，听学生诉苦，给学生打气。袁祉祎也曾找这位老师倾诉，老师的一番话给了他莫大的鼓励：“不到最后高考，所有的成绩都没有多大的意义，重要的是从考试中发现问题。”她对袁祉祎说，“来，我们一起面对。”随即用手指划过一道道题目，跟袁祉祎一起研究失误的原因，讨论避免再犯同样错误的办法。

除了在学校好好学习以外，袁祉祎还利用网络给自己添砖加瓦。

猿辅导：“你是什么时候开始用猿辅导的呢？用得多吗？”

袁祉祎："高三才开始用猿辅导，一年下来用的次数中等。"

猿辅导："一般会买一些什么样的课程呢？"

袁祉祎："对于自己不太懂的问题，会针对性去买。学期班比如寒假班也报过，有一个很主要的目的是督促自己起床，顺带着巩固知识。其中主要起作用的还是针对性课程，自己不懂的不太熟练的，他会讲一些特殊方法，自己做题过程也感觉很实用。"

猿辅导："那你之前是用猿题库吗？"

袁祉祎："是的。"

猿辅导："但是学校让用手机吗？"

袁祉祎："肯定不让啊。"

猿辅导："那你怎么用这些软件呢？"

袁祉祎："因为高三才开始走读，以前一直在学校住。一般在周末听课，上完晚自习或者回家就用用猿题库。而且学校不让带手机，以前猿题库也只是在家或者周末用。"

猿辅导："你觉得猿题库的优点在哪里？"

袁祉祎："猿题库的设计能让自己充分利用零碎时间，通常是五道题或者十道题一组，用的频率会高一些。"

袁祉祎说，自己用零花钱就顺手在猿辅导上买了课，寒假班这种贵一点的也是自己就买了。父母表示很理解，同学当中也有很多用的，以猿题库居多。因为很多基础不好的同学会把时间花费在作业上，也没时间来听课。他们会把作业做完，再去做为数不多的题，而自己是比较熟悉作业，刷题会多一点，也会腾出一点时间来多完成一些任务。自己没有专门给推荐过，但是有时会说到，同学们也表示回去试试。

猿辅导："那你现在还用什么学习类的 APP 吗？"

袁祉祎："现在在用乐词，是新东方的 APP，在准备托福，因为光华的大三基本都要交换，想早点做准备。"

猿辅导："平时的话，上网做些什么呢？打游戏吗？"

袁祉祎："上网不怎么打游戏，因为觉得麻烦，懒得玩。但是会听歌。"

性情安静的袁祉祎并不热衷体育，但在高中某次运动会上班里报名的人不够的情况下，他便硬着头皮参加了 400 米跑。400 米赛跑，比 100 米跑需要更多的耐力，比 1000 米长跑需要更强的爆发力；在身体条件上，袁祉祎并不具备这些优势，但他还是选择参加比赛。

这一次，袁祉祎没有如同在考场上一样，成为凯旋的英雄，然而同学们站在跑道周围用尽全力地喊着“袁祉祎加油”，那个场面至今还盘旋在袁祉祎头脑中，持续地带给他力量和感动。

猿辅导："为什么会选择参加自己并不擅长的体育比赛呢？"

袁祉祎："虽然体育不好，但是我觉得这也是一种尝试，算是一种难忘的回忆或者经历。平时不常参加体育锻炼，喜欢听听歌、吃吃好吃的，多好。很多体育项目都参加过，也不是特别感兴趣，也不排斥。悄悄告诉你，其实现在加入了光华排球队，因为暑假被学长学姐安利，虽然新生杯没上场，但是很想参加以后的比赛，比如北大杯。"

猿辅导："那你高中谈过恋爱吗？"

袁祉祎："没有。"

猿辅导："怎么看待高中的恋爱呢？"

袁祉祎："隔壁的隔壁班，两个人是班里前两名，整天撒狗粮。他俩高一互相喜欢，高二就在一起了。后来都去了清华。所以我觉得恋爱是个不好说的东西。"

对于大学阶段的学习，袁祉祎表示，自己最近饱受高数的折磨，可能还没有完全适应高数的思维，但相信自己可以尽快调整。他也希望可以尽可能多地去体验大学生活，去尝试更多此前没有机会试的好玩事情，去发现和创造一个更丰富更快乐的自己。

15号学霸：刘健君

毕业于南宁市邕宁高级中学
四川大学软件工程

现在就读于四川大学软件工程专业的刘健君是个不折不扣的编程达人。早在初一的时候，他就接触到了中文编程，里面隐含的很多算法问题让刘健君兴趣盎然。所以上高中以后，刘健君就立志要进一个985大学的软件学院。高考成绩出来后，刘健君成功实现了自己的梦想，进入了四川大学软件工程专业。

猿辅导："初中就接触到了编程？那你这些年为了编程的爱好付出过怎样的努力呢？"

刘健君："努力主要是在初中吧。初中的时候就自学了一点比较基础的内容，初二、初三编写了两个小程序，当时在全校连续两年拿了一等奖，挺高兴的。"

猿辅导："在你自学的过程当中，主要是采取怎样的学习方式，效果又如何呢？"

刘健君："我买了这个软件官方出的一本书，看完一遍就基本上可以懂怎么写一个简单的程序了。然后我就在写程序出现问题的时候不停地百度一下，就可以找到答案了。网络很强大。”

猿辅导：“这次高考考好之后改变了你的生活吗？具体表现在哪儿？对你自己的内心有什么影响？”

刘健君：“改变了很多吧，我开始做除了学习以外的事。比如说开始学习穿着打扮，虽然目前还是 low 级。也开始学习一些生活必备技能，就是说要学着独立。我感到除了课本上的知识，要学的还有很多。”

猿辅导：“刚才你说到，你学编程的时候，会去百度，看来在你的学习过程当中互联网很有帮助啊。”

刘健君：“对啊，小猿也给了我很大帮助呢。”

猿辅导：“这样啊，你是怎么接触到猿辅导的呢？”

刘健君：“从猿题库的广告了解到的。”

猿辅导：“在你平时的学习过程当中是如何应用它的呢？”

刘健君：“我基本是在假期使用，可以说用作知识充电吧。”

猿辅导：“所以你觉得它怎么样呢？”

刘健君：“因为我是来自广西的学生嘛，这里的师资跟河北、江苏等教育发达的地区是没办法比的，而猿辅导恰恰弥补了师资的缺陷。所以，用猿辅导相当于给自己开了个外挂。”

猿辅导：“这样啊，那你平时有进行线下辅导班的辅导吗？”

刘健君：“上过一些，但是我感觉高中期间上过的线下辅导班全是鸡肋。”

猿辅导：“怎么这么说呢？”

刘健君：“因为让一个普高水平的老师来教一个次重点高中水平的学生，师资质量是完全不能接受的，而且还要冒着大太阳走两三公里。相反，我寒假期间则是躺在被窝里听名师讲课，很惬意的。”

猿辅导：“看来你很喜欢这种学习方式啊，哈哈。”

刘健君：“我用得还挺多的。”

刘健君说，自己除了用过猿辅导的 APP 之外，还有乐学高考以及新东方网校的课程。高一、高二还没有猿辅导的时候他都用后两者，高三基本在用猿辅导，因为猿辅导的直播课要自己掏钱，虽然不贵，但是不认真听他会觉得心痛。相比之下，乐学的直播课就太贵了。

猿辅导：“哦，你在用手机学习的时候，补课费是家里出的吗？家里人很支持你用手机、电脑等软件进行学习吗？会不会担心你在玩手机呢？”

刘健君：“因为补课费比较便宜，所以我是不够用了才找他们。他们开始是挺反对的，后来发现有成效之后感叹：这东西太好了。他们不用担心我玩手机的，因为知道我自制力比较好。”

刘健君说，成效是很明显的。他说看完学霸男神系列物理一半的课程之后，自己的物理成绩基本稳定在 90 左右（满分 110），高考的时候用王老师教的方法，90% 的题目都可以秒杀。

猿辅导：“哇，这么棒！在猿辅导的课堂上，除了书本知识，你还学到过什么东西呢？”

刘健君：“在猿辅导学到的主要是一些高效的解题方法，还有所谓的‘套路’。当然还有一些除了考试之外的内容，比如阿尔法狗。阿尔法狗是谷歌的机器人，战胜了世界级的棋手，什么名字我忘了，猿辅导也开设了这一系列扩展知识的课程。”

猿辅导：“嗯，那在你的学习过程中，让你印象深刻的成绩进步是哪一次呢？”

刘健君：“其实有两次。第一次是 12 月，我的理综提了 40 多分。因为当时我 11 月的月考成绩是掉得最厉害的一次，几乎要掉出前一百。12 月的时候我就整天拿着一本金考卷（模拟题）刷刷刷，因为基础不错，所以成绩进步很快，12月月考我的成绩又杀回前十了。第二次是临考前最后一个月。因为二模前疏于对数学的训练，二模数学才是及格线多几分，后来我也是刷了一个月的金考卷，又是金考卷，最后一次月考数学拿了全班第一。”

猿辅导：“后来你觉得问题出在哪里呢？”

刘健君：“原因我总结了一下，就是没有计划，天冷了，怕冷，还有自我约束出了点问题。”

猿辅导：“但是你也靠自己的努力成功地进行了大幅提升了，还是很厉害的。”

刘健君：“因为基础本来就不错啊。”

作为一个高考路上的成功者，刘健君说自己想告诉学弟学妹，应试技巧其实没有，硬要说有就是不能局限于老师课上讲的知识，还有就是失败之后想尽办法挽回，坚持到最后。做题的时候一定要先易后难，做好基础题，做好选填，做好套路题，会的就要拿分。

猿辅导：“刚才你说到自己的基础比较好，那么你高中三年的学习状态是什么样的呢？”

刘健君：“我们高中是撤县设区之后，由县重点演变来的市区高中，所以基本是以高考为主，高一也开始倡导学生努力学习，不过不倡导拼命学。我参加的课外活动也比较少，整天就是在刷题增加阅题量，每天基本三点一线。算算学习的时间每天加起来应该有 11—12 个小时左右，高三也基本是这个幅度。”

猿辅导：“听起来你的高中氛围似乎不是很宽松，那么你是否满意在这种环境下的教育模式呢？如果可以选择，你是会选择现代化、拥有丰富互联网精神、倡导自主学习的环境，还是三年如一日的学习环境呢？”

刘健君：“不是很满意，还是倾向于市重点那样的重视素质教育，应试教育做得也比我们好，还自带竞赛培训班。我选择前者。”

猿辅导：“那么你备考期间是否压力比较大，又是怎么排解的？”

刘健君：“有压力的时候一般是成绩掉得比较厉害的时候，平时虽说也有压力，但是也都习惯了。高三第一次成绩掉的时候，我洗了高中第一个月的热水澡，真的有缓解压力的效果。第二数学掉的时候，我看了一个月的《青年文摘》，顺便把语文提上来了。”

在家庭的关系上，刘健君说，父母对自己的学习虽然关注，但是自由。用一句话说，就是“战略上看重，战术上轻抓。我觉得这样挺自由的”。

猿辅导：“看来你的父母很开明嘛。”

刘健君：“嗯，我学编程他们也挺支持的。不过到高中以后他们说还是以高考为重，我也这么觉得，所以学编程也就暂时搁浅了。”

猿辅导：“所以你跟父母怎么相处的呢？”

刘健君：“我感觉我爸挺好的，无论是IQ还是EQ还是体育方面。据说他以前是男神。我妈的话感觉在某些方面有点天真，不过我的后勤工作还是做得挺好的。相处是挺和平的啊，不过没那么open。”

刘健君说，高考是目前最公平的人才选拔方式，虽然无法做到非常公平。高考可以比作一场游戏，只要你肯按照游戏规则去努力练级，你都不会玩得太差。但是从教育的角度来说，这样的应试教育并不是最好的。“当然，我在为高考奋斗的路上也学到了很多人生哲理。比如，在哪里跌倒，就在哪里站起来。这是实践之后才有的亲身体验，光听是体会不到的。”

16号学霸：李　澈

毕业于鹤岗市第一中学
中南大学广播电视新闻学

来自鹤岗的小女生李澈说，她不觉得高三累得要死要活，反而觉得很享受完全投入的专注感。她也追剧，也有自己喜欢的偶像。她认为，偶像不是非得去接机、看演唱会，她希望自己用更平等态度面对偶像。

猿辅导："对自己高考成绩满意吗？"

李　澈："完全超常发挥。平时大概在年级排 30 多名，这次是 20 名。

"高考的时候状态比较好，完全没有紧张。我们班同学有人发挥不太好，是考试时手脚冰凉，特别害怕。我高考时完全没有，感觉这不太像是高考那种考试，更像是平常在班级做做题，随随便便的感觉。这就来源于平时班级训练比较多，我们班考试特别多，一周把所有门都考两遍。

高考时，肯定也想到这是高考，但一旦开始做题时就不想别的了，像平常做题一样，只想着题，很熟悉的感觉。”

猿辅导：“高考期间有没有印象深刻的事？”

李　澈：“有一件特别暖心的事。我晕车，到了教室特别难受，恶心，当时已经坐好了，按理说做进去之后就不允许你再去上厕所了，我就和老师说很难受，我就在走廊里显得很难受。老师就拍拍我的背，说别紧张，没事，就一次高考而已。”

猿辅导：“所以你整个考试还挺顺利？”

李　澈：“也不是，我第一天考完之后，完全崩溃，坐在沙发上嚎啕大哭。我语文考得不好，当时已经感觉出答题不太在状态，而且也是第一科，我一直说我第二天不想去考了。我考试时还坐在第一排，老师坐在我前面抖腿，看得我可难受了。”

猿辅导：“之后怎么调整过来的？”

李　澈：“我妈安慰我，说万一这次考得好呢，或者说她听别人说，大家都觉得考得不太好。但仔细想想还得去考呀，不能说就真的不去了。就尽量不去想前面，考一科忘一科。”

猿辅导：“高考对哪门考的最满意？”

李　澈：“数学，是平时最不擅长的。高考的数学成绩是我高三一年的最高分，最低的时候考到过 50 分，我总说我一张卷子的成绩还没有人家填空选择高呢。俩原因，一个是，题本来就很难，你就是不会做；另一个是本来应该会的，还做错。这样也没多少题，会的还错，就没多少分了。”

猿辅导：“数学是怎么提高的？有什么学习方法吗？”

李　澈：“就是要多做题，我之前立体几何特别不好，每次考试都错。其实别的同学看起来都比较简单，我就是不会做。我就集中起来大量地练习立体几何，可能都不是一道一道做，都是二十几道二十几道地做，都要做吐了。题目都是从王后雄，曲一线等找来的呀。一开始练了一百多道题，还是不太会，我就每做一道就总结，好像突然有一天就开窍了，立体几何就不再是难点了。多做题就好了。而且在数学这科上，一定要重视错题。我每次收到卷子之后，就要分析错题，找做错的原因。我把自己不会的用粉色标出来，粗心做错的用黄色笔标出来，黄色标出来的题就再复习一遍就行了，反正也不会再错。粉色标出来的就得抄下来，抄在错题本上定期复习。慢慢地，粉色黄色就越来越少。

“在数学上，我觉得猿辅导的老师也帮了我很多忙。教数学的王梦抒，我们都亲切称他为抒哥。他声音特别温柔，又细，讲话又慢，娓娓道来，特别适合基础比较差的。我数学不太好的时候，都能听懂他讲的课，就会给我很大的鼓励。”

猿辅导：“平时你的优势科目是什么？有哪些学习经验？”

李　澈：“平时最擅长语文，几次模拟考试都是130分左右。主要还是喜欢，你喜欢就多注意，注意就多积累。语文不是靠突击能学好的。我有个作文素材本，特别厚，平时遇到喜欢的话，喜欢的故事就往上面积累，考试时会用得到。积累一百篇，可能用到两篇吧。我喜欢语文，所以这个不是出于功利性，不是出于我一定要考到什么分数，而完全是出于我自己的兴趣，喜欢才这样做的。

“在答题技巧方面，语文还是要把时间分配好，考试分数是150分，150分钟，大概就是这道题多少分，你就答多少分钟。当然这个不是绝对的，可能成语4—5分，你用不了这么长时间，可能诗歌部分是11分，你11分钟不够用，就挪过来，协调一下。但总的来说，要控制到1分用1分钟，这样才能保证很好的，很充裕地完成考试。

“除此之外我还比较擅长政治，政治记住知识点最重要，得不断地巩固，直到背下来。答题的时候要找关键词，看到关键词回原文找材料，找完材料再回想知识点，要两头回想才会想的比较全。而且要规划好答题空间，因为答题区域是固定的，如果一开始写了不是特别多采分点的话，后面重要的就没地儿写了。所以一定要把最重要的，最是采分点的，写在前面。”

猿辅导：“哪个科目有过很大的提高呢？”

李　澈：“地理。一开始地理不好是因为不熟悉地图，题目里一说经纬度，我就完全不知道是哪儿。找不到地方，就完全没法答题了。后来有一个老师跟我说，要重视地图册，他领我看了一遍地图册，把地图都背下来了，熟悉了位置之后就好了。”

猿辅导：“你觉得自己算很刻苦吗？”

李　澈：“我觉得还算挺刻苦的吧。我之前有一个很好的同桌，之前在我生日的时候，还给我写过信，说希望我能考上好的大学。但后来我俩掰了，是因为他找到老师，跟老师说不希望和我坐同桌了，他觉得跟我坐在一起会影响他的斗志，说我不学习，不上进。我听说之后就觉得触动很大，觉得自己不能输了这口气。”

猿辅导：“高中的时候，学习之余喜欢干什么？”

李　澈：“喜欢看电视。那个时候每次演《太阳的后裔》，周一更新，就搞得我周一就特别激动，亢奋，浑身充满力量，想到晚上就可以看宋仲基了。可能让每天充满活力，每天都有盼头。《花千骨》《琅琊榜》《伪装者》基本都在看，每天都得看一小会，不是说看完这一集。中午有 WiFi 可以边吃饭边看。周一就必须回家追剧。”

猿辅导：“你说你喜欢苑子文、苑子豪，那你算是追星族吗？”

李　澈：“不算是追星，但确实是喜欢他俩。我自己的偶像还有一个，是胡歌，我已经喜欢他七年了。”

猿辅导：“胡歌算是偶像吗？”

李　澈：“不只是偶像。他是我生命中的烛火，特别重要。已经超越了偶像的存在了。他照亮了我前方的道路，黑暗中给了我前进的希望。我喜欢了他七年，我是小学五年级喜欢他的，《仙剑奇侠传》开始的。但是在看了他车祸的故事，更喜欢他的。我觉得他是时时刻刻都陪在我身边的。他时时刻刻都要求自己进步，在困难的时候也不会低头，在低谷的时候也会想办法去调整自己，改正自己的失误。不停地走这一路，我看见他，也觉得自己要坚定的往前走。不仅仅是困难的时候，更是在我生命的每一天，我都会想到他。”

猿辅导：“你最欣赏胡歌什么？”

李　澈："无法说是某一个点，喜欢他全部的性格。很多人经过车祸之后觉得他毁容了，以后就不能当一个演员了。他自己说，皮囊破损了用思想去修复。车祸之后，他就去读了很多很多书，有很广的知识面，很广的内涵，当一个靠实力、有演技的好演员。他对自己的要求特别严格，处女座。他甚至会自己改剧本，会为了一句台词，去找导演、演员、编剧一起商量，按反复复讨论这句话怎么说。

"他特别善良，会善待身边的工作人员，他经常发微博把幕后人员都列出来，让大家知道幕后人员为这个剧也做了很多的努力，也值得被尊敬和歌颂。他性格特别开朗，但是很多变。有时特别幽默，经常逗身边人笑，回答记者问题也特别机智。有的时候又要帅，有时冷酷，有时暖心，总之就是很多变的一个人。

他性格中带着积极的正能量，他很会做决定，在关键时候做出出人意料的决定。比如他有一年做出来出人意料的决定。一年之内，他推掉了所有的片源，去拍话剧。那时候他就意识到自己不能只做一个古装王子，要转型，他就拍了一整年的话剧，从人们视野中消失，提高自己的演技。然后又拍了《琅琊榜》，大火。然后接下来这一年，他又不拍戏不工作了，他觉得自己连拍了四部戏，已经要透支了。他就继续去旅行，继续去感受生活。一般人都会觉得要趁着这个热度，要继续增加曝光度，可是他就慢慢地选择淡出人们的视野，去沉淀自己，等以一个更好的姿态再回来。这样的还是很有智慧的选择。”

猿辅导：“觉得什么是偶像？”

李　澈：“是榜样吧，是希望时时刻刻都成为胡歌这样的人。我喜欢他的时候，他也不是很优秀，还处在人生低谷期。我也慢慢长大，他也在变好，这样互相陪伴的感觉很好。胡歌是偶像，我不会是觉得一定要去看他演唱会，去给他接机，要他签名照之类的。我从来没有去接机，也从来没有去过现场，我不像别人那么疯狂，觉得一定要合照之类的。我希望以后以一个更平等的姿态面对他。

“你喜欢一个偶像，不一定得要死要活地跟着他，希望能以平等地姿态跟他对话。希望以后不是以粉丝的心态，聊聊天。我也不混饭圈，也不会在微博上刷屏。我是特别关注他的微博。自己心里想一想就好了。”

对于李澈来说，考上中南大学广播电视新闻学是一件很值得开心的事情，因为和这个专业对口的湖南卫视就在大学附近。一开始，她也没想到自己会想当记者。

猿辅导："高中的时候，关于上大学，给自己设过什么目标吗？"

李　澈："一直都在变化的。我当时还年少轻狂，那时候对大学都不太了解。一开始的目标是上海交大，又很想去中国传媒大学，还去那儿考过自主招生。我就是一直比较喜欢新闻这个专业。"

猿辅导："了解新闻这个专业吗？"

李　澈："我接触的机会少，我只能说自己了解的。我一开始特别想当记者。以前，没把记者这个当回事儿。我们老师说我声音特别有磁性，适合当记者。我还有点抗拒。小女生，都希望自己光鲜亮丽一点。而我在电视上看着记者，都是穿着大雨衣，拿着大脸盆，喊：我这儿水又深了，给我这种印象。我就不太喜欢这个工作。这是高一的时候。

"后来，柴静出了一个视频，《穹顶之下》，我才感受到一个记者肩负的社会使命。后来又看了《匹诺曹》，才感受到记者行业的社会公信力在下降，记者工作也有很多黑暗的地方。当看到剧里面的主人公一直在坚持着自己，如果每个人都把自己做好了，那么慢慢地才会感染更多的人，这样就是一个光明的未来。我才感受到一个记者所要承担的社会责任是很大。”

猿辅导：“你认为记者有什么社会责任？”

李　澈：“我觉得记者就要把消息更好的报道出去，引起更多人的关注。比如很多人报道家暴，然后今年人大就颁布的《反家暴法》。把一件事情报道，集中报道，被广泛关注，最终得以解决。这是记者的社会责任，也是起到对人们的教化作用。”

猿辅导：“报考这个专业的原因？”

李　澈：“文科本来选择就很少：会计金融、小语种、法律、传媒。其他的我不喜欢，传媒我很喜欢，所以就报名了。我已经打算了传媒很久了，自主招生也是在高考之前，但差 6 分没能去中国传媒大学。”

猿辅导：“觉得记者这个职业的道德底线是什么？”

李　澈：“不能为一己私欲，破脏水，做假新闻。而且也不能盲目引导社会舆论，引起公众愤怒。现在记者经常挑一个点进行攻击，公众都去攻击当事人了。没有人对当事人负责，对当事人的伤害是无法弥补的，这是底线。”

PART5

一生的学习者

假如你把高考当做学习进程的终点，大概你还没有意识到学习对于个人成长的真正作用。我们处于一个剧烈变化中的社会，掌握一门技能就能一劳永逸的时代已经过去了，每个人都应该做终生学习者。

PART5
一生的学习者

许多中学生都对高考存在这样一个误解：高考是学习的结束。

学习并不会结束，你一生的学习在高考停止的这一刻才刚刚开始：从今以后，你不只为这一场重大考试而学，而是在为你的个人成长而学。

· 大学，一个新的起点

不知道还在上中学的你是否知道：大学学业结束时，大学生一般都会得到两张证书，它们分别是学历证和学位证。前者证明你在这里度过几年的学习生涯，后者证明你有资格获得相应学校和相应专业的学士学位。

这两张证书，实际上指明了大学在人生生涯中的两种功效。

学历证背后，是你在一个大学或者四年或者五年的学习生涯。进入大学后，大多数人才获得人生第一次自由、独立地进行学习的机会，这里是许多人开始学习“如何学习”的新起点。因此，大学生涯在人生中应该扮演的角色之一，就是一个人自我培养、自我完善的场所。

而学位证代表的是一种合格的资质。这种资质昭示了大学的第二种功能：就业市场上提供参考的“信号灯”。在茫茫的人海里，企业负责招聘的人力资源主管该怎么迅速找到自己需要的人才？他固然可以找一些候选人来实习，通过好几个月的实习来考察一个人是否合适这个岗位，也可以简便地从学校、专业读取到这个人才是否对应自己的企业需要。当然，不是说学校、专业就能完全概括一个人，但不可否认的是，学位证书对企业聘任过程起到了很大的参考作用。

因此，在大学和专业的选择的时候，学生应该顾及两个方面：

第一，**是否能够帮助我很好地进行自我学习和成长**

第二，**是否能够在就业市场上成为我有力的“名片”**

无论学生是否清晰地意识到了这两点，他们都会在选择专业、院校的时候综合地考虑到自我培养和求职竞争力两方面。

有些学生干脆以就业为选择专业、院校的依据。

唐雪薇："我是定向生，所以要去兵器公司，我已经这样准备了。就算不当定向生，我也会这么做。我想为国防事业做贡献，我是军人家庭出身，我周围人都是军事（职业）、中行、兵器，这类的。而且定向生也不用找工作了，哈哈。我们是兵器定向生。兵器定向生每届都有很好的关系，大家很团结。我以后就去研究所，固定的那几家。我更喜欢管理一些。我觉得我统筹能力比较强，我是一个善于交际的人。我觉得在科研方面优势不多，比很多男生的话。"

李金格："我不是很想做学术。我一直很想做互联网这一方面，因为如果去复旦或者去别的地方，应该学商科，学数据科学，想做大数据，因为猿题库大数据我觉得很好用。也真是这些东西让我感觉数据科学，还有之前自己在考试的时候整理题，感觉这个新兴的东西真的很好用，给自己带来很多便利。我对数码又挺喜欢的。我觉得一门心思做科研，我不是特别适合。而且干什么都好啊，再看。如果猿辅导愿意要我也很好。"

对于许多高中生来说，兴趣爱好是选择专业的重要依据，在专业选择的基础上再择校：

刘健君：“川大软件工程是我的A志愿第一专业。我初一的时候意外地接触到了中文编程，里面隐含的很多算法问题我都很感兴趣，所以上高中以后，我就立志要进一个985大学的软件学院。努力主要是在初中吧。初中的时候就自学了一点比较基础的内容，初二、初三编写了两个小程序，当时在全校连续两年拿了一等奖，挺高兴的。”

马晓龙：“以后做播音、记者都可以。新闻方面的都喜欢。小时候，爸爸看新闻就觉得播音有种掌控世界的感觉，感觉整个世界都在你的掌握中。考的时候目标明确——新闻传播学。未来想去工作的地方是央视吧，电视台播音。开始想要基层的经验，开始在宁夏这边实习，然后去国际上转转，再回来到央视啊这类的栏目。”

黄承宏：“我的梦想是搞化学研究或者化学教研。本来是想读南开大学的化学系，后来因为分数选择了北京师范大学的理科实验班。”

李　晖：“我喜欢理科，打算从事科研工作，想以后多参加学术工作。既是自己的喜欢，也是对未来的规划。所以一直把物理学专业放在首位。”

对于更多学生而言，兴趣的导向并不明显，对于专业的接受度比较广。在这种情况下，专业不仅仅关乎兴趣，更与自己未来的职业选择息息相关。

许多学生只是模糊地觉得应该去从事自己喜欢的职业，或者觉得应该从事一个收入稳定的职业。

未来的职业路径实际上应该是三方面权衡考虑的结果：

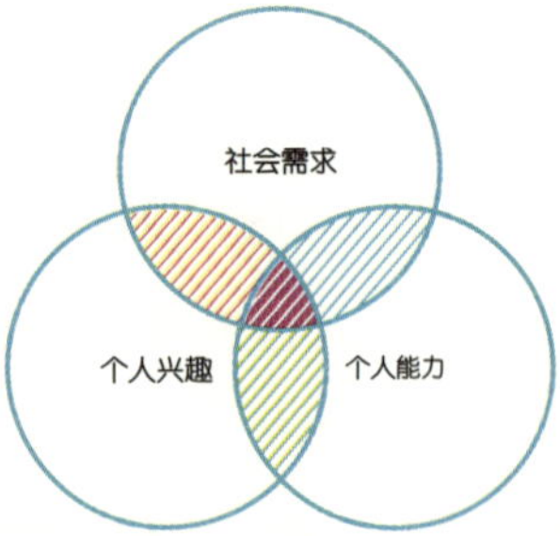

三者重合程度更高的选项，会是更好的选择。

除了对职业和未来的考虑，有部分同学会对学校、学校所在的地域进行优先考虑。

李金格:“为什么选择北大这个问题，这个故事太长了。功利地讲就是，你分数在那里，他们就一定会要你，一定会跟你来回来去联系。而且，一个是我比较喜欢有通识教育的学校，像复旦中山什么的，因为能全面发展。北大转专业什么的，今年有个新的政策，就是有个学部制改革，我觉得是一个可以尝试的机会。”

陈泽镕:“读川大是因为这个学校很好，可在我们省份要分相比较而言低一些，性价比很高，沿海省份的孩子都不太愿意去内陆读书，医学院也算是川大的优势专业。”

林　绍:“对省外大学了解不多，对华南理工感觉一般，我的大学三年本科毕业或者大四继续开始研究生学习了，是本硕博连读。我个人觉得本科是学很多皮毛。看很多比如coursera、慕课等也可以学习一些，我也认识很多南大、哈工大等的学长、同学，可以交流。所以我觉得在哪里上大学关系不大，而且毕竟也只有三年，还是希望自主学习更多一些。开始想学生物，但考虑到就业。但想到，不知道是不是有天赋，而且现在是分子生物学为主了。现在化学、生物是共通的，我先学一些化学。而且，生物的本科课程有解剖学、植物学等很多自己看的也能看懂。之后再学生物。学得杂一点也比较好。我对自己的专业比较了解。”

实际上，在现实更多的人的选择是综合了多方条件，权衡考虑的结果。

徐弘笛：“自己是凭借裸考进的元培，没参加什么竞赛，自招。选择文理科是因为理科本来升学压力下，希望进大学进入一个文理综合的专业，不要太极端的文科或者理科，经济比较综合，需要很强的数学能力。想学国际贸易，但是对自己想学的没有什么概念。当时报了元培和经院，觉得能力比较符合。做了相关测试，偏向于社会和企业，不是研究型人才。自己比较外向，喜欢社交。父母对自己报志愿也没有限制，不会逼自己选什么，进入元培也是自己的选择，同一个宿舍的不同专业也非常有趣，整天也不用聊学术。大家的思维方式不一样是很好的，如果自己去了经济学院，整个宿舍都学经济，就没那么有趣，跟不同的人打交道很重要。”

李　澈：“高中时设定的目标一直都在变化的。报考新闻专业的原因是文科本来选择就很少：会计金融、小语种、法律、传媒。其他的我不喜欢，传媒我很喜欢，所以就报名了。我自己很坚定报传媒，但是我家长觉得传媒工作压力大，希望我学会计，觉得工作很清闲，工资又高，工作很稳定。我就拒绝学会计。”

弋璐通："从小到大就很想来北京，在区域上盯住北京不考虑别的地方，能上211就上211，矿业大学是自己在北京唯一能上的211，但是上北京化工的话不是很稳。专业是想学法学，五个志愿的第一专业都是法学，但是因为超投档线也就2分，所以被调剂到了这个专业。”

·学习是对自己的终生投资

长久以来，在成年人统治的世界里，有两种缺乏参与感的人群：未成年人和老年人。

未成年人被认为能力不足，不被允许参与社会生活，社会议题中青少年的建议似乎无足轻重；而老年人因为衰老，主流的社会文化也并不会迎合他们的趣味和审美。

在成年人眼里，孩子们还没有懂得这个时代，而老年人已经懂不了这个时代了。

但这种情况被互联网时代改变了。

未成年人可以提前参与除了应试以外的学习，尝试去理解他们终将进入的社会，老年人也可以活到老学到老，随时更新信息。

每个人都是一生的学习者，是社会游戏的参与者。你是否能参与这个社会的游戏，在于你有没有一直保持“在线”的心态。

学习新技能的能力，比学习新技能本身更重要

20 年前的人们不会想到智能手机的出现，10 年前的人们不会想到微信的出现，就算是 5 年前，大家也不会想到滴滴打车会如此普及。

世界唯一不变的事情就是：世界是一直在变化的。

从农耕时代到工业革命时代，社会发展的速率被大幅度提升了：人类的进程速率陡然增大了，就像被按下了快进键。

技术的发展下，新的产业不断出现，随之而来的是旧岗位的消亡和新岗位的诞生。互联网行业的兴起带动了一系列行业内的岗位：对于爷爷奶奶辈的人来说，“程序员”这个职业，在他们年轻的时候，根本是不可能存在的工种。

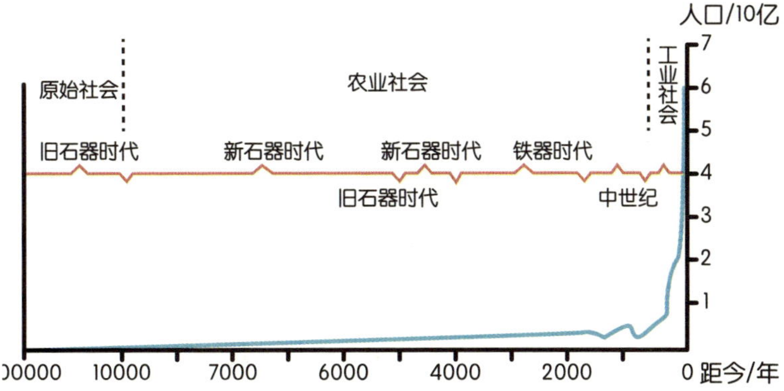

我们可能可以试图展望“朝阳行业”，但却不应该傲慢地认为会有“学一时，用一世”的万能技能。

在可以预见的未来时间里，需要人付出体力劳动的岗位会越来越少——智能化的机器会大量替代体力劳动的岗位。更多的岗位要求较高的思维能力和知识技能。

常言道，“授人以鱼不如授人以渔”，教授学习方法和能力比教授知识更有用。

我们无法预测未来社会需要的具体的某一种技能，但也不该因此惊慌。

让自己掌握不断地习得新技能的能力，并且保持不断习得新技能的热情和好奇心，做一个终生的学习者吧。

跨界，一个不可避免的趋势

人的价值并不由他们消费什么而决定，而在于他们能产出什么。

比起精专于某一个领域的专家，当代社会更需要的是“跨界”人才。许多创意和灵感的迸发，正在于领域的交界处。未来将面临多问题，甚至难以界定是某一个领域的问题——往往需要综合的、多个学科的思维去解决。

学习能力强大的人不仅可以管理好自己掌握的知识，还善于在各个知识之间建立联系，跨界的能力往往由此诞生。

历史上最有名的跨界学霸就是我们熟知的列奥纳多·达·芬奇了。他称得上是真正的天才型人物。达芬奇最广为人知的身份是十六世纪意大利文艺复兴时期的艺术大师,《最后的晚餐》《蒙娜丽莎》画作都成了传世名作。而他不但是一位伟大的画家，而且还是接触的雕刻家、建筑家、工程家、音乐家、解剖学家、博物学家、地质学家、物理化学家、哲学思想家……总之，他所涉猎的科学和艺术门类，几乎涵盖了当时人类的所有学科，并且无不精通，无不有新的发现。[22]

中国历史上的沈括，是北宋时期的一位跨界强人。他既是官员，又是科学家、发明家。《宋史》评价沈括“括博学善文，于天文、方志、律历、音乐、医药、卜算，无所不通，皆有所论著”。例如他在《梦溪笔谈》里写到了“石油”：“鄜、延境内有石油。旧说高奴县境内有‘脂水’，即此也。……此物后必大行于世，自余始为之。盖石油至多，生于地中无穷，不若松木有时而竭。”沈括命名了石油，现今石油的中文名称就是沿用了沈括的冠名。

当代的跨界狂人当属硅谷跨界专家伊隆·马斯克（Elon Musk），这位出生于南非的企业家，拥有加拿大和美国双国籍。马斯克在自己 10 岁那年买了第一台计算机，并自学了编程。12 岁时，以 500 美元出售了自己的第一个名为 Blastar（一个太空小游戏）的商业软件。在放弃研究生学位之后，他与人合伙创办了 PayPal 网上付费机制，让网上的消费者既安全又方便地付费。

2002 年 10 月，他以 15 亿美元的价格将 PayPal 转卖给了全球最大的网上商店 eBay。

2002 年 6 月，马斯克成立了 SpaceX（space exploration technologies）。这是一家私人太空发射公司，目标包括月球和火星。公司的设计理念为简单，以保证安全性和节约成本。SpaceX 获得 NASA 16 亿美元的合同，为 NASA 承担 12 次太空发射任务。2012 年 5 月 25 日，SpaceX 发射了一枚两级火箭，将一艘名为龙飞船的太空飞船送向国际空间站，开启了太空私营化的时代。

目前，马斯克担任 Space X 的 CEO 兼首席设计师、特斯拉汽车 CEO 兼产品架构师，以及 SolarCity 的主席，与此同时，他还是现代第一辆可行电动车—— Tesla Roadster 的联合设计者之一。

跨界能力意味着比别人看到更多机会的眼光；跨界往往是改良一个旧事物、创造一个新事物的起点。

每个人都有“终生学习”的能力

人真的有可能一辈子都在学习吗？

随着年龄的增长，人还有精力和能力去学习新鲜事物吗？

答案是肯定的。

《可汗学院》给出了人类可以终生学习的依据：

伦敦皇家学会最近发表的一篇报告称，大脑具有极佳的适应能力，这种现象通常被称为“神经可塑性”。当连接神经元的网络被激活时，神经的功能就会增强，学术界通常会用“一齐活化的神经元相互串联”对这一现象进行总结，其产生的效果被称为经验依赖可塑性，会贯穿人的一生。

人不仅有终生学习的能力，而且还能再一定的范围内将这种能力发挥到极致。动脑与体育运动非常相似，也遵循体育运动中“用进退废”的原则。当大脑在获取知识或提升技能时，大脑中相关部分的神经就会得到持续的发育。随着年龄增长，神经可塑性的某些方面也会随之减弱。随着大脑日渐老化，我们在试图整合知识的过程中会遇到更多困难。这可以解释为什么成年人在学习全新的事物时会感到更吃力，相反，为什么在少儿时期学习外语会更容易。不过，成年人更擅长关联性学习。有了更大的知识库以及长期训练的逻辑推理能力，成年人可以将新知识与已知的内容进行关联，从而掌握新知识。

因此，在我们成年后，假如我们不断地输入新的内容，并且和旧的内容建立联系，我们的知识库就能保持不断地扩张。

2007 年 6 月，第 13 届国际思维大会在瑞典召开。在这次会议上，听众们被问到这样一个问题：你认为，面对复杂的未来，什么样的知识和技能才是最重要的，是学生必须学习和掌握的？

听众给出的答案中，有许多是重复出现的。按照从高到低的频率，排在前几位的不是具体的某一个学科，而是思维能力、自我理解、同情。

戴维·珀金斯（David Perkins）认为，这不是说明人们不重视学科教学，而是反映出21世纪西方世界流行的一种普遍理念：在当今的复杂世界中，学习者为将来的生活做好准备，就必须培养能够应对广泛挑战的技能和态度，比如自我理解、同情、伦理道德、合作、良好的思维能力等。[23]

在一个纷繁复杂的时代，保持一个开放、成长的态度，不断地丰富自我，已经成了一种必要的自我要求。

LEARNING
REVOLUTION
你为什么不是学霸

本章小结

- 高考不是学习的终结，而是为自己而学习的开始。
- 选择大学和专业要从个人能力、个人兴趣和社会需求多方面综合考虑。
- 社会的变化会带来行业的变化，需要拥有适应新行业和新趋势的能力。
- 人类拥有终生学习的能力，你可以选择成为一生的学习者。

17号学霸：唐雪薇

毕业于东风中学
清华大学自动化专业

来自甘肃酒泉的唐雪薇今年成功考入清华大学，她对自己报考的学校很满意。雪薇觉得，在清华已经遇到的这些人，感觉是能一辈子在一起做朋友、学习的人。所以来这算是来对了，没让自己失望。面对猿辅导的提问，雪薇对自己的选择也坚定不移。

猿辅导："填志愿是你自己选择的吗？当时有没有考虑过报北京大学呢？"

唐雪薇："我高考 667 分，是全省第 74 名。我本来报的提前批，但是少了两分没过提档线，英语改得太多，不太好。我对北大也不感兴趣。我想去国防生的，但是没有女生的名额。"

猿辅导："那你对自己的高考有什么想说的吗？比如它有没有改变你的生活什么？"

唐雪薇："高考实际上我是有些遗憾的。（高考）考了数学，觉得自己考砸了，因为有个送分的选修题没做出来。考上清华之后，我爷爷之前是家里有一堆孙子，我也不是最小的，现在就突然把我捧在手心里。我爸和我妈没太大的情绪变化。”

猿辅导：“那这样岂不是很影响你第二天的发挥？你怎么调节的呢？”

唐雪薇：“看抗战神剧，看到晚上 20:00 吧，然后听英语，又看物理一轮的课本，给了我信心，后来就很快睡着了。第二天考试完全没有带着第一天的压力。”

五月之前，雪薇会把漏洞再看一遍。她认为，做题是绕不开的，很多都是，会把很多漏洞补上。以前高三考试有凌晨 4 点睡不着，6 点就要爬起来去考试，那时自己很紧张，一躺下就心跳加快。雪薇调侃说，可能以前的紧张值用光了，后来就不紧张了。“高三下学期化学提上来之后，就基本可以掌握好心态了，因为之前物理数学化学是好大的坑。高三上学期的话，一轮复习很重要，把之前的东西补上。”

猿辅导：“所以说，心态都是磨练出来的啊。那你之前是一种什么的状态呢？”

唐雪薇：“我曾经心理也有孤独的时候。高一时候考得特别差那时候，很难过。性格也比较压抑。后来成绩好了，就会越来越自信，之后就是不会太在乎自己的脸面了。比如现在我的成绩在清华可能是垫底，但仍然会很自信，会自己努力。高一时候对我影响比较大，体验过各种心态了吧。当然，父母对我也是一个动力。现在也没有太焦虑。”

在困境中不断前行，成绩的不断提高，让唐雪薇的心态越来越积极。

猿辅导：“除了努力提升成绩以外，你有别的调节方法吗？”

唐雪薇：“在高一的时候，感觉好多人都不理解我。半夜睡不着，就哭，会和我妈说。真的对妈妈和爸爸感觉很感激，我妈像朋友一样。我觉得现代人比较自我为中心，很多都是不会去理解你，除非对自己很好啊。和别人诉苦，其他人就会说‘和祥林嫂一样’，而且高中也没空想。但是有时确实感觉是无尽的深渊。然后呢，就使劲刷题。有时想多了也不会实现。我比较随性，也不会太想很多，有模糊的期待，但是也不知道，不明确，就埋头干呗。高二成绩好了就比较有信心，然后就快快乐乐往前走，会前进得更快。”

猿辅导：“看来妈妈对你的帮助很大啊。那你和家里的关系好吗？有没有闹矛盾的时候？”

唐雪薇："我的青春期好像没有太多的情绪波动，一直是乖乖女。好像，就这样过来了。从小到大，他们基本没管我。可能我比较自觉，他们也比较忙。我妈非常善良，把对别人的好传递给我。我爸是当别人在夸我的时候，给我泼盆冷水。我估计我没有叛逆期。"

猿辅导："为什么这么说呢？"

唐雪薇："我是会不爽了就吵，但很快就会好了。因为我的家庭很好，给我很好的环境。不会叛逆，如果叛逆，我也会很难受。我的父母对我也很宽松。"

猿辅导："爸爸和妈妈还是有些不一样的。"

唐雪薇："对啊，而且我爸写很多诗词，对他有重大的意义的事发生的时候都会写。比如去年在抗战胜利周年纪念时，他写了特别长的一首。我考上清华也是。他跑完马拉松之后也写了一首。一言不合就写诗。其实现在清华的很多理工科老师有很高的人文素养。我认识一个老师就是，信手拈来一个诗词。清华有个教授的诗词课非常火，很难抢。"

在军人家庭长大的唐雪薇有着与众不同的家庭环境和生活经历，的确是一个特立独行的女孩子，思考问题的角度和很多人都不太一样。

猿辅导：“你的小伙伴们也是军人家庭吗？”

唐雪薇：“我小时候的环境基本就是，同学们都是军人家庭的。我家在甘肃酒泉，我的小伙伴们都是爱人民的，我觉得。”

猿辅导：“这种环境对你的影响是什么呢？”

唐雪薇：“这个很难表述，举个例子吧。《平凡的世界》就让我特别感动，因为我觉得在我们现在的环境里待的太久了，就忘记了以前艰苦朴素的生活，我是那种又红又专的人。当时我一口气看完，大概高二看完吧。我觉得它是一个非常贴近生活的小说，就像在身边一样，虽然那个社会是在以前，但是还是感觉人物非常鲜活，那些是精神境界高的。我比较喜欢那个陈晓霞，她死，我都哭了一会儿。我是比较感性的人可能。我觉得我的思维和理科可能有点不一样。”

猿辅导：“哈哈，你和别的人还真的不一样呢！”

唐雪薇：“而且我最崇拜的人是周恩来，人人都很崇敬他，学校附近有‘为中国之崛起而读书’的招牌。我小时候起就对他非常的敬仰。我们那边基本都又红又专的，定向生也是。我有热情，有使命感，但是听党课会睡觉。虽然我也喜欢泰勒斯威夫特的音乐。但我不追星，她谈哪个男朋友无所谓。”

猿辅导：“那你对未来的规划是什么呢？”

唐雪薇：“定向生嘛，出路都定好了。而且我是为了国家的前途，不是为了赚钱。”

18号学霸：徐弘笛

毕业于华南师范大学附属中学
北京大学元培学院

这位考入北京大学元培学院的大学霸实际上已经是第二次参加高考了，比起同龄人，他显得更有底气。

猿辅导："你觉得高二时参加高考对你高三的高考有什么好处呢？"

徐弘笛："高二参加过一次高考，参加的中科院的创新班，裸考也考得好，完全没想到自己能考那么好，因为广东卷简单，但是英语不行，只考了128。大型考试不顾虑太多反而考得更好，其实自己在高考前一个月都没怎么考好，因为有点害怕，没有准备好。"

猿辅导："那你是怎么应对这种情况的呢？"

徐弘笛："因为自己平时刷题少，但是爱听课，爱看书，直到一旦不考刷题的东西，自己就会赢。全国卷就是这样，而且自己有去年的经验，会很淡定。虽然自己也考过前十，但是不觉得一定能上北大，所以实力很重要，但是心态更重要。高考还算公平，但是自己算是有好运，因为高考是高中以来的最好一次。”

猿辅导：“平时有什么兴趣爱好呢？”

徐弘笛：“自己一个人的时候，喜欢看书，比如三毛的《撒哈拉的故事》《雨季不再来》，喜欢她的真性情，不被社会所拘束，想过什么生活就去过，非常羡慕她，因为自己不一定能做到，社会会有‘你应该成为什么样的人’的要求，自己不敢活成自己的样子。”

猿辅导：“如果不考虑这些所谓的现实因素，你想做什么呢？”

徐弘笛：“如果不考现实因素的话，我更愿意四处奔波，比如哪里有灾害，希望有一支队伍给他们做心理辅导，希望他们在经历灾害之后，心理上也能幸存。以前自己带小学生的时候，有时很想插手，因为很多家长都教育得不好，但是考虑现实，自己不能做这些事，不能像三毛一样做自己想做的事。”

人们印象中的理科生，特别是男生，似乎就应该非常理性，但是徐弘笛自视为一个不折不扣的感性者。徐弘笛说：“虽然是理科生，但是我很感性。自己会把爱情、亲情和友情看得很重要，自己知道自己想做什么，不会把赚钱放在首位。自己希望自己有能力了，会帮助更多人，不像一个标准的理科生，不是单纯理性地看待事情，没有什么严密的思考。比如玩《狼人杀》，大多数同学都是根据推理，但是自己一般是凭借直觉，而且很准。”

猿辅导：“那你考上北大的动力是什么呢？”

徐弘笛：“因为我的偶像，苑子文和苑子豪带来的动力吧。之前自己的成绩没有一次能上北大线，看了他们的书才思考能不能上北大，以前觉得冲击复旦就很好了。”

徐弘笛也是一个生活的有心人，会利用网络来便利自己的生活，网购、学习，好多APP都是他喜欢且熟悉的，而且他还有一套特殊的网购技巧。谈到手机应用，他说：“我最常用的五个APP有微信，还有QQ音乐、腾讯视频、唱吧、淘宝。高一开始就喜欢网购了，被坑过几次就知道技巧了。比如买便宜的东西要看评价，但是很多是刷的，不要买太便宜的东西。在淘宝上比较喜欢买创意的东西，但是买牛奶和洗漱用品会去天猫和京东，手机和电脑会去京东买。支付宝和金山词霸也用得比较多，查中文会用‘快快查字典’，不认识的话可以用笔画，解释很详细，在高三的用处很大。”

喜爱在线教育的徐弘笛，也是线下教育的使用者之一。

徐弘笛："我在学而思上过线下课程，也是挑的清华北大的同学当老师，老师讲课非常有激情。但是老师讲得太难，听不懂物理，所以选择猿辅导，难度合适，讲课也非常系统。定位不是很高端，虽然有尖子班，但不是为了培养考清华北大的人，所以自己会选择来听课。"

对于一些有争议的话题，徐弘笛并不人云亦云，而是坚持自己的看法，比如在他看来许多人不甚喜爱的360，徐弘笛说："360是印象中比较伟大的公司，虽然很多人骂360，但是自己真的觉得360的软件做得很好，比如用360杀毒和浏览器，而且360是第一次让杀毒软件免费的，很伟大。云盘空间也很大，有360T。"

19号学霸：李　晖

毕业于大余中学

四川大学物理学院

“全县唯一考上一本复读的学生”，这个标签让人对李晖充满了好奇。高考失利，选择复读。对李晖个人而言，这并不是一个难以解释的问题。他有抱负，有毅力，也有实力。在衡量各种因素之后，他做出了人生路上的第一个重大选择，也改变了他的人生轨迹。

猿辅导：“去年你考的是什么大学呢？”

李　晖：“南昌大学，在省内，也是一所211了。”

猿辅导：“都考上211了，为什么还要去复读呢。”

李　晖：“高考成绩出来发现语文作文只有35分。语文失利果然导致高考成绩比预期低出很多。起初没想到复读，因为觉得都考了一本。但是暑假时比较痛苦，很空虚。和朋友、家人分享，聊。比如要不要选择复读，复读的意义是什么。后来想清楚了，而且去看了校区之后，还是很失望，最后决定还是复读一年。想到自己学习十二年一直在这里度过，还是应该出去走走，认识更大的世界，以后会给家乡建设做贡献，但是不会留在这里发展，以后肯定会怀念。”

猿辅导：“经历了两次高考，你有什么感受呢？”

李　晖：“刚高考完之后没有那么充实，有些空虚。从一个阶段到另一个阶段，过渡期会考虑以后的路要怎么走、大学生活要怎么过。现在预习大学课程、学习乐器（口琴）等充实自己。想到第一年高考，如果没有去参观校区，说不准就去了南昌大学。那以后的人生路也会很不一样。我内心还是觉得，成功需要付出。成长也是有舍有得。”

猿辅导：“恩，好的。平时怎么安排自己的学习呢？”

李　晖：“学习主要是日程安排表和错题本，其他的都是围绕着两点来做。日程安排表会安排好所有的比如今天要做的事，然后借助错题本在复习巩固，一遍推进学习，一遍复习。”

除了学习安排，李晖还说，在考试的时候，技巧大多时候都是帮忙的，所以平时自己会很积极主动去找一些技巧。

猿辅导：“今年考这么好，你有什么特殊的考试技巧吗？可以分享一下吗？”

李　晖："唔，就拿英语来说吧。高考英语试卷的完型填空，正确答案的选项其实分别是5个A、5个B、5个C、5个D，当我发现之后，以后就用这个规律来复查那些拿不准的答案。但技巧什么的都是其次，掌握原理才是最关键的。"

第一年高三下学期，李晖成绩有下降。但他也没太在意，就想着怎么提上去。第二年下学期的成绩也有所下降，压力有些大。他主要是靠和亲友聊天分享来消解心中的苦闷。

李晖说，一般考试完后，同桌就会发飙，"我怎么考这么差"。然后安慰她，自己也会好很多。

猿辅导："复读这一年，你觉得自己的进步在哪里呢？"

李　晖："应该是物理。第一年高考完之后，自己在暑假开始做了很多补充，通过视频课等明白了更多知识点。然后第二年复读开始考试，物理考过一个满分，就比较有信心，之后也考得不错。复读的时候，第一轮（上学期）有一次580分，他很受刺激，之后就投入很大的心力。接下来的考试就提高到642分。"

除了物理，李晖也对自己的其他科目进行反省，觉得一些知识板块有问题，在之前的复习中错过去了，没有很好地抓住，尤其是数学导数这部分。经过不断努力，李晖终于把自己不懂的东西都补了上来。

李　晖：“其实除了自己的思考，还有一些偶像因素在里面吧。比如我最崇拜的人是俞敏洪和马云。他们都是复读好几年考上大学。既然他们也能选择复读，我也可以，激励到了我。不是他们的成功，而是毅力和精神很鼓励我，世俗的成功、名利并不是崇拜他们的主要原因。”

因为学习一直不错，所以父母非常支持李晖的自主安排，后勤做得很好。

猿辅导：“爸爸妈妈平时对你的学习管得多吗？”

李　晖：“学习都是我自己规划，当我成绩下降时，都会来安慰我，很关心我的学习。给我的自由度非常高。”

当他走进复读班时，作为当年全县唯一一个考上一本又来复读的学生，很多人都不理解。在李辉看来，他的家乡大余县的人生活还是比较喜欢安逸。但他的父母一向很理解他的想法，在学习方面李晖的决定，一般他们会给予充分的信任和支持。高三和复读时，李晖对通过互联网的猿辅导等视频课备考的方式来学习，他们也接受了。

李晖的爸爸经常和他一起散步聊天，谈谈学习和未来的打算。小时候，爸爸带他去书店、图书馆，经常一整天泡在里边。“我小时候比较喜欢百科、科幻类的书，这也是我为什么会选择物理学专业的重要原因。”

除了学习，游戏作为娱乐的一种方式他可以接受，但是游戏只是作为调节他学习压力的手段。李辉说：“有的游戏甚至比学习还难呢。”他更喜欢的状态是做好手边更重要的事，重要的就是高考。

面对高考的他来说，每天在网络上搜集资料、学习知识。网络像一个漩涡，足够强大的意念使他没有忘记自己的复读一年是为了什么。很多朋友上了大学，分散四地，也逐渐联系少了。“品尝孤寂未尝不是一件好事。”

李晖对《夏洛特烦恼》印象深刻，电影里人物对过去的回忆，每一次在过去和现在的跳转中，都会让他心里一动。生命就是一瞬，生命需要意义，生命的每一步都是最后一步了。很多同学没有升入高中，有的已经为人母、为人父。每每听到这样的消息，在难以置信的同时，李晖都会有诸多感慨：“如果没有复读的话，我现在也会过着不同的生活。”

20号学霸：吴天然

毕业于淮北一中
上海交通大学凯原法学院

来自安徽省淮北市第一中学的吴天然，在刚结束的 2016 年高中获得了总分 620 分的成绩。这个结果比她的考后估算要高一些，但对于一直朝向清华、北大努力的吴天然来说，不免还留有遗憾。在综合考虑了学校的排名和具体专业的排名之后，她最终选择了上海交通大学凯原法学院。凯原法学院的发展前景可观，她选择这个平台启航，希望自己能获得新的成长。

猿辅导："你觉得，对你而言，什么算是高中的结束呢？"

吴天然："这个很难说，因为我觉得，参加高三毕业典礼、得知高考分数或者收到录取通知书这样的时刻意义都很重大重大，但对于我来说也都只是高三的余音。在高考最后一门考试结束时，我还在焦虑，因为我当时觉得自己可能把文科综合的答题卡填涂方向搞错，根本没时间思考什么高中生活是不是结束了这种问题。"

很多高三毕业生回望高中时代，会将这段疯狂背书做题的岁月视为一个阴影，而吴天然说："我的高中生活全无阴影可言，告别高中校园根本不与走出阴影的说法挂钩。"这并不是说吴天然的高中过得一帆风顺，只是相比同龄人而言，她更懂得如何主导自己的生活并把握好节奏。外表萝莉的她在高考结束后仍然时常被误认为初中生，实际上她有着一颗女王的心——无论是学习、社团还是生活上的障碍，统统要在她的魄力之下俯首称臣。

猿辅导："你高中都做过什么社团呢？"

吴天然："高二有一段时间，我同事负责了模拟联合国和商业协会的社团活动。"

猿辅导："可是高中学习压力很大啊，不会影响成绩吗？"

吴天然："说实话，当时是有的。学习压力本就很大，又同时负责两个社团，我会间歇性发脾气，甚至有些莫名其妙的小抑郁。然后因为自己情绪不稳定，成绩也下降了，掉到了三四十名，一直持续到高三。直到高考冲刺前，我都还处在瓶颈期。"

猿辅导："那你为什么不早点把社团活动放下来呢？"

吴天然："因为当时商业协会刚刚起步，甚至连审批都没有过，我感觉自己进退两难，最后还是觉得吧自己的责任履行到底吧。如果我放手不管，那么草创不久的社团可能就此早夭。而且我相信我自己能够通过之后的努力把落下的功课补回来。”

回首高中社团经历，吴天然更倾向于认为，她为经营社团而付出的代价是值得的——因为从中她获取了许多书本学不到的可贵经历。比方说，作为商业协会的创始人，在协调协会内部的矛盾、外部交流、社团活动和她自己的学习计划的关系时，她学到了“管理”的重要性。

猿辅导：“你觉得，办社团教给你的管理包含什么样的内容呢？”

吴天然：“我觉得管理分两个层面：一是在社团中作为领头人要懂得把活动的内容和形式细分下去，使得其他同学清晰了解到任务，如此才能保证完成效率；二是对时间的管理，学习时间被压缩之后变得更加珍贵。”

在应对繁忙的社团事务和繁重的学习任务期间，她逐渐学会了利用零碎时间学习，这也是她利用网课和手机 App 的初衷，就连吃饭、刷牙、课间这样的零碎时间，她都不会放过。

猿辅导：“你是怎么开始用猿辅导这些软件的呢？”

吴天然：“我算是猿题库的老用户了，猿辅导的话，最开始是在贴吧，空间看到的，加上身边同学的推荐，然后就买了一个周日班课，学了数学和英语。上完后觉得这个平台很不错，用户体验很好，于是就决定继续买课。”

猿辅导：“都是周日看吗？”

吴天然：“不，我有时候上课也看，比如老师讲的我都会了，我就会在下面偷偷听猿辅导的课。我觉得这样效率特别高。”

进入高三，社团已经换届，她一下子感觉到自己的时间空出来了不少。这时候如果不把时间用于学习，她的心里就会有很强的罪恶感和愧疚感。经过高二的社团恶战之后，她觉得：“相比于处理社团复杂的人际关系而言，学习是一件简单、纯粹的事情，甚至可以说相当轻松愉悦。”

比如，在背单词这件事上，她甚至有点强迫症。背单词的时候她必须要按照顺序一个模块接一个模块完整啃下。到了高考最后阶段，为了背完四千个单词，每天新旧单词都要一起过，累计起来就有一百多的词量。

猿辅导：“你学英语这么刻苦，不会觉得很没有方向感吗？”

吴天然：“不会啊，我学习英语有标杆的——一个总体成绩一般、但是英语特别突出的同学。”

猿辅导：“那你这么认真学英语的目的是什么呢？考高分吗？”

吴天然：“因为我个人比较讨厌功利性的读书，而且高考压力这么大，把任务变成兴趣的话，这样完成作业或者背单词就不会有心理障碍。我花大量时间在背单词上，不单是为了提高英语成绩或者享受学英语时轻松的感觉，还有一个原因是英语对以后的发展非常重要，我必须尽早开始积累。”

猿辅导：“除了英语，你有什么别的学习方法吗？”

吴天然：“学文科综合，我觉得自己是‘三色党’，比如我在政治课上记录 PPT 的内容、课下整理整理知识框架都是用黑红蓝三种笔迹来区分不同知识点的重要程度。学历史的话我基本不背书，而是花时间看一些课外书。比如考题上引用过的，我可能会买全书来读。”

学习历史的“先锋”意识使得她成为班里的风向标，在她买了钱穆的《中国历代政治得失》不久，突然发现班里很多同学也跟着买来看。

“学自然地理其实也还挺快的，大家还在时区区时的苦海里挣扎的时候，我已经能画太阳视运动图了。但是对人文地理就很头疼，一开始学的时候基本上是‘看起来不太会，一答答不全’

的状态，到了高三总复习时，题量的积累增加了题感，我逐渐养成了第一遍读题干的时候划重点和标注答题要点的习惯。”

猿辅导：“你平时的爱好是什么呢？”

吴天然：“我觉得应该是看动漫什么的，我觉得只要有萌点，一切都可以爱。”

猿辅导：“你一般都看一些什么动漫呢？”

吴天然：“我初中时就迷上《网球王子》，这部动漫的主角越前龙马陪着我走过了中学生涯，我觉得对越前龙马的喜欢甚至带给我与自己的幻想谈恋爱的冲动。动漫是一种心理产品，它所创造的心理世界，即便跟现实生活区隔，其中传达出来的东西也是现实生活的影射物。”

《新网球王子》还在连载，但吴天然心目中的《网球王子》故事在全国大赛结束时就已落下帷幕。每当她情绪低迷时，这个傲娇自负、在网球场上不屈不挠的明媚少年会时不时地冒出来。越前龙马一出场的时候只有 12 岁，他的劲头给了吴天然很大激励：即便输给某个对手也不会沮丧，会坚信自己在不久的将来会把输掉的比赛赢回来。

猿辅导：“除此之外，你还有别的爱好吗？”

吴天然："除了二次元世界，我也很喜欢古代的历史人物。比如，读到古诗、读到故事时有所触动，我就会想办法去了解更多的故事。"

猿辅导："那你喜欢那些历史人物呢？"

吴天然："我比较偏爱性格张扬的历史人物，比如张良啊，霍去病啊，王勃啊，李白这些人。"

猿辅导："就是说他们本人的性格原因是吧？"

吴天然："也不全是，在作品之外，我也会因为他们的人格而更加折服。我写作文的时候，喜欢把这些人物和故事当作素材写进去。"

猿辅导："你会很注重这种作文素材的积累吗？"

吴天然："在语文写作中产生素材意识其实是高三最后阶段的事情，之前我比较喜欢在应试作文中有感而发随性而作，甚至特别不理解为什么要使用素材。后来上了猿辅导的史金霞老师的课，我才意识到搜集素材也很重要，'先一桶水才能抓出来一碗水'的观点给我很大的启发，然后我开始吧曾经对自己有影响的历史人物和事件整理出来。"但即便如此，她依旧保有对作文素材的怀疑：搜集素材对于应试有一定帮助，对于真正的写作不能算好方法。

作为深受二次元文化“荼毒”的“90后”，初中开始迷上二次元，并有了自己创作的想法。尽管那时候写的同人文有着小女生情结，甚至可以用不忍直视来形容，但那毕竟是她写作的开端。

猿辅导：“你更喜欢手写稿还是电子文稿呢？”

吴天然：“相比于手写，我更享受电脑打字时手速和思路同步的畅快感。”

猿辅导：“那你喜欢在什么时间段写东西呢？”

吴天然：“我很享受在一定氛围之下写作的状态，所以我一般都是夜深人静时一个人在房间码字，而下雨天色暗时也很好。”

猿辅导：“那你参加过什么写作大赛吗？比如新概念什么的？”

吴天然：“有，为了准备自主招生，我高三的时候参加了新概念作文大赛，复赛时就《论原点》的题目写出了两千多字的长文，拿了一等奖，可惜最终没有机会见到想见的作家。”

在不需要写应试作文的时候，吴天然会写作随笔，看过一本书或者一部电影后心有所感，她会在电脑上写读后感或者小随笔，两三千或者三四百字不拘，最后发到豆瓣或者 LOFTER 等社交网站上。

参考文献

[1] 虎嗅网《翻译界的重大突破——谷歌翻译整合神经网络，翻译质量接近人工笔译》。

[2] 虎嗅网《Facebook 是世界上最令人上瘾的“毒品”》。

[3] 中国互联网络信息中心（CNNIC）发布的第 38 次《中国互联网络发展状况统计报告》。

[4] https：//www2.deloitte.com/cn/zh/pages/technology-media-and-telecommunications/articles/2016-digital-education-survey.html。

[5]《为未知而教，为未来而学》。

[6] Robert Rosenthal（1973）。

[7] [美]库恩著:《心理学导论 思想与行为的认知之路 原书第 13 版》。

[8] 曲铁华主编:《中国教育史》。

[9] The Harvard Crimsonhttp—http：//features.thecrimson.com/2016/freshman-survey/makeup/。

[10] 2015.6.25—36 氪《专访 Coursera CEO Rick Levin》：未来十年，在线课程将成为必需品。

[11]《如何高效学习》，28 页。

[12] 引用自王宁，王锦琰，罗非《情绪对时间知觉的影响及其神经生理学机制》。

[13]《混合式学习》43 页。

[14]《为未知而教，为未来而学》。

[15]《游戏改变世界》。

[16] 北京师范大学发展心理研究所《中学生自我效能感、归因与学习成绩关系的研究》指出，个体对自我控制能力的知觉，能促进自我的调节，提高认知水平和学习成绩。

[17]《如何高效学习》147 页。

[18]《稀缺——我们是如何陷入贫穷和忙碌的》。

[19] [美] 凯利 · 麦尔尼格尔:《自控力》。

[20] [英] 约翰 · 阿代尔《时间管理》。

[21] 豆瓣《番茄工作法图解》: https: //book.douban.com/reading/12671261/。

[22] [俄] 梅乐什可夫斯基著，付金柱译:《世界名人名家传 达 · 芬奇传》。

[23]《为未知而教，为未来而学》。